幸福感閱讀

Be-Brilliant

Risk Wise

Nine Everyday Adventures

美好人生的風險智慧

九個聰明冒險家教你如何在不確定中變勇敢

波莉・莫蘭 Polly Morland ——著
理查・貝克 Richard Baker ——攝影
侯嘉珏——譯

美好人生的風險智慧

九個聰明冒險家教你如何在不確定中變勇敢

RISK WISE: Nine Everyday Adventures
by Polly Morland

大寫出版
書系 ■ be Brilliant! 幸福感閱讀　書號 ■ HB0019
著者──波莉 · 莫蘭（Polly Morland）
譯者── 侯嘉珏
攝影（除另有標註）──理查 · 貝克（© Richard Baker, 2015）
行銷企畫 ◎ 郭其彬、夏瑩芳、王綬晨、邱紹溢、張瓊瑜、李明瑾、蔡瑋玲
大寫出版 ◎ 鄭俊平、沈依靜、王譯民
發 行 人 ◎ 蘇拾平
出 版 者 ◎ 大寫出版 Briefing Press
地址：台北市復興北路 333 號 11 樓之 4
電話：（02）27182001　傳真：（02）27181258
發行 ◎ 大雁文化事業股份有限公司
地址：台北市復興北路 333 號 11 樓之 4
電話：24 小時傳真服務（02）27181258
讀者服務信箱 E-mail: andbooks@andbooks.com.tw
劃撥帳號：19983379

初版一刷 ◎ 2016 年 3 月
定價 ◎ 280 元
ISBN ◎ 978-986-5695-42-2

大雁出版基地官網：www.andbooks.com.tw

國家圖書館出版品預行編目 (CIP) 資料
美好人生的風險智慧：九個聰明冒險家教你如何在不確定中變勇敢／波莉 . 莫蘭 (Polly Morland) 著；侯嘉珏譯
初版｜臺北市：大寫出版：大雁文化發行，2016.03｜208 面；14*20 公分 . -- (be Brilliant! 幸福感閱讀；HB0019)
譯自：Risk wise : nine everyday adventures
ISBN 978-986-5695-42-2(平裝)
1. 自我實現 2. 生活指導
177.2　　105000281

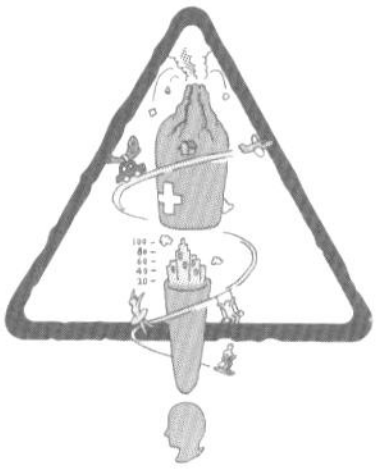

獻給我的母親—

「那樣睿智嗎？」

繁體中文版推薦序

／安聯投信總經理 段嘉薇

一對結縭六十三年的夫妻，十多歲在「全世界最危險的火山」：義大利維蘇威火山下相戀，居住處僅距離火山口幾公里遠。他們二十歲時見證火山噴發，燒毀果園農地，仍未曾想過離開這個家族世代居住的小鎮，他們將火山噴發的「記憶」傳承子女，依舊安居樂業。

一個來自英國的女孩，生來患有眼球皮膚白化症，有嚴重視覺損害，但她卻能克服高山滑雪危險及身體障礙，奪得冬季殘障奧運金牌，即使曾經因此劃破上顎血濺雪場、或是遭受腦震盪，談到滑雪，她臉上仍有無盡的喜悅。

談到風險（Risk），你會避之唯恐不及，還是會像故事中的主人翁，張開雙臂擁抱它？

來自德國的主動式基金專家安聯投信，其安聯母集團是歐洲百年金融巨擘，擁有百年處理風險的經驗。隨著全球科技進步、經濟局勢變化，金融市場和日常生活中的風險概念有了很大的改變，本書即是安聯集團與英國紀錄片製作人波莉　莫蘭（Polly Morland）合作出版，希望透過九個截然不同的真實個案，開啟我們對於風險的全新認知。

本書更試圖告訴我們，人們已發展出足以面對風險的智慧，有能力主動處理風險，比起消極閃躲，我們應該要有「多做些什麼」的勇氣，積極成就更多人生的美。

投資何嘗不是如此呢？專業的資產管理者並不覺得風險可怕，相反的，他們會在風險和報酬之間取得那智慧的平衡點，攫取甜美的果實。

事實上因應市場變化，近年資產管理者對於風險的定義，正明顯地從「危機」轉向「機會」，這種轉變在主動投資管理者身上尤其明顯，因為主動投資有洞燭趨勢、搶先出擊的優勢，比起「被動地躲避風險」，他們更能找出「風險中潛藏的機會」，主動追求投資的美好。

大概所有人都認同，那對夫妻、那個女孩或那些個案，都處於風險極大的地域及領域之中，但他們選擇以理性、豐富、聰明的方式與風險泰然共處，這並不是一個容易的過程，唯有不斷地感受、思考、學習，對風險謙卑同時敢於擁抱它，才培養出他們透視洞悉風險的能力。

文末全球知名作家艾倫．狄波頓（Alain de Botton）特別為書撰寫結論，他說，「這是屬於我們這個時代的書」，這是對本書再真切不過的註解了！

在日常生活上，我們習慣了科技輔助的便利、發展成熟的文明、這個世界（大多處）已經成形的運行方式，習慣了安全度日，進而喪失冒險進取的能力，逐漸淡忘洞悉風險是如何扮演推進人類進步的角色。

在投資上有更鮮明的例子，資產管理者們的技術日益精進，為了精確計算風險，十分仰賴數學家們創造出各種看似合理的計算模型，甚至因為害怕下跌風險，創造出知名的高頻交易，結果證明：程式交易再聰明還是會賠錢，金融市場的秩序被擾亂，並不利於金融產業的發展。

我們正處在一個無法避免風險的世界，投資和生活皆然。也因為在這樣充滿不確定性的當下，這些主動、積極、充滿智慧的故事，讀起來更是激勵人心。

本書最難得之處，是從平實的日常生活出發，引導我們認識風險，教導我們面對風險的智慧，讀者因而能夠產生共鳴，而不是面對無趣的教條指導。

如果人生有所信仰、有所理想，為了達成信仰和理想，你必定會想方設法找到與風險和平相處之道。當你不再恐懼，而是展開雙臂歡迎，自然能從風險的「危機」中看到「轉機」，並主動運用它，讓人生更美好。

目次

美好人生的風險智慧

Risk Wise

引言

我們還有「**做點什麼**」的**勇氣**嗎？

我原本打算以一個毫無風險、英勇無畏的烏托邦世界做為本書的開端，亦即一個無憂無慮的「理想黃金國」（El Dorado），在那國度裡，沒有任何一件我們所珍視的事情會垂吊在一種地獄般的恐怖平衡下，反而是懸浮在一種潔淨無暇、無邊無際的安全泡泡中。情不自禁的讀者會想起比較細緻的那種科幻小說，或者那些十分講究，而且備受二十世紀末女學者所愛戴的「思想實驗」（thought experiments）。在現代世界中，這種受歡迎的想法為人們針對風險進行適時、規律的沈思打下基礎。

這若行得通可就棒極了。

但是不然。烏托邦反而很快的轉變成反烏托邦（dystopia），並從反烏托邦變成一團混亂。人們希望這不是因為作家的無能，而是因為我們完全不可能從人類生活的想像形式中除去風險的觀念。隨你自行嘗試吧，祝你好運，但可別預期你會暢行無阻、一路順遂。

除了棘手的「死亡率」外——別人曾警告過你，對任何有勇無謀、一路蠻幹而幻想風險並不存在的人來說，那是一種重大的障礙——風險對我們日復一日的世俗生活何等重要這棘手的議題仍舊存在。這是因為我們並不知道接下來會發生什麼事，而且我們在意這世界存在著什麼樣的風險概念。

風險是好事、壞事？

但近幾年來這有了奇怪的變化。受到許多各式各樣的危險所縱容，身處已開發世界的人們變得喪失了做點什麼的勇氣，或者認為自己已然如此，而且說來古怪，這種想法竟能讓人感到自我實現。我們回溯到早先對於災難、失望感到麻木不仁同時又果敢堅強的人們，能夠單純吸收過去世代的悲傷與不幸的那個年代。我們懷念他們以往的恢復力——即便這是我們局部編造出來湊合自己故事的說詞——這意味著，我們傾向不去看他們的辛苦艱難，還有穿越風險的稜鏡後所獲得的勝利。不，我們並不像遭逢困境與心碎的青少年那樣，感受到自己極大的痛楚遠遠超過先前所經歷過的任何一種心痛，身在現代世界的我們，不知為何，感受到自己擁有風險、對風險的體驗格外強烈。

再者，因為我們世俗的社會已用個體控制的膜拜儀式取代神聖的法令，所以我們是在一張風險暨防護的資產負債表上，獲悉我們全部的人生，以致無可避免的，一旦有事出錯，我們就會反射性的追捕早先就該看出端倪的人，這稱之為「**後見偏差**」（Hindsight Bias，在事件結果真正揭曉之後，才毫無根據的認為自己應該可以準確預測，「事後諸葛」即為此義），請容我稍後再向各位說明。

要點在於：就某方面來說，朝著安全推進可能是好的，也真是如此；但

若未經確認，那麼這就會培養出一種錯覺性的熱忱，以致無論風險埋伏何處，它都會杜絕每一種致命的風險：只用「危險」（hazard）這個負面的字揑造出不確定性的中立概念。沒錯，你的辭典是會教你「危險」與「風險」（risk）的意思一模一樣，毫無分別，但是別被騙了，它們可不一樣。而且，倘若本書打算著手進行某事，那麼就是解開你對這點的疑惑。

要是我們看得更遠，不單侷限在「電視畫面上飛機撞上摩天大樓」、「銀行員因股價平緩毫無起伏而癱倒辦公桌上」，或者「孤單的北極熊蹣跚的走在日益縮小的冰山上」這些想像出來的風險概念呢？要是我們抱持著一種風險有時可能是件好事的念頭呢？細聲說出來吧，因為在你心裡，你已經知道，人人每天都在冒起大大小小、數以千計的風險。當你過馬路、上火車、爬山、匆忙下樓、說出選擇、講起善意的謊言、在土司抹上果醬、喝啤酒、禱告、放假、接受工作、彎腰親吻、憤怒甩門、購屋、買書、道別、打招呼，這些行為中，每件都包含若干基本的風險粒子。既然如此，我們最終已經到了可以慶祝這件事實的時候了嗎？

風險的最適點

為了冒險，請仔細研究古希臘的倫理道德全集吧，那麼你很快就會瞭解到，古希臘的倫理道德是把重點放在思考風險的基本要素：人類生活中，無論好壞，有多少是取決於人類所無法控制的事情上，還有我們如何合理的期許好男人（或者好女人）能夠駕馭這個事實。

亞里斯多德尤其花了一生的時間揶揄「幸福人生」的概念，聲稱只有在追求一個未必輕鬆就能達到的世界才有意義。沒錯，他倫理道德的核心開啟了「**中庸之道**」（Golden Mean）的概念；即美德就在於和其伴隨而來的惡行達成某種均衡的狀態，因此勇氣就位在魯莽與膽怯的中點，慷慨就位在奢華與吝嗇的中點，謙遜就位在害羞與無恥的中點等等。

當然，此論述並未把風險隔絕在外。亞里斯多德早在一百五十年前就已提出風險的觀點——而且那不是美德——但本書建議我們借用這位哲學家的模型。假如毫無風險的世界難以想像，同時過於謹慎又可能顯示為令人不快、危機四伏、不用大腦一味只想追求刺激，那麼試想：談到風險，中庸之道可能位於何處？洞悉風險的「**最適點**」又在哪裡？

重點在於顯然會有瞭解——或者已經學會——以理性、豐富的方式與風險共處的人，也會有洞悉風險的人。這是一本屬於他們的書，內容描寫他們作何感受、如何思考，的確，還有我們其他人是否也要真的學習洞悉風險，既然冒險家的睿智話語俯拾皆是，那麼**咱們何樂不為呢？**

01 冒險一試的兒童遊戲場

Playing with fire

小女孩正將一只四吋釘打入木條。她穿著粉紅背心裙、黑校鞋，沒穿襪，就這麼聚精會神使勁捶打著。木條放置在一小段被人以噴漆噴上了些潦草字樣的水泥汙水管上，搖搖晃晃保持著平衡。女孩骯髒的指頭則抓著鋼釘釘身。這把從手工ＤＩＹ商店所購得的塑膠把手鐵鎚捶了個空，擦過了女孩的拇指邊。她一臉失落，將拇指縮入掌間壓了一會兒，又開始胡亂敲打一番，直到閃亮釘尖所鏤刻的木條上，另一側出現了一個小小的木雕雕紋。

「我在做個東西，」她說，連抬頭看也沒看，就從腳邊地上抓起了一把看似生鏽的鋸子。

昨天，有幾個孩子在一處只剩焦炭的火坑上點火，一對表兄弟穿過那處火坑，爭先恐後的往堆成小丘且呈現出蜂巢狀的木頭板架而去。他倆輪流躍過了置高點，落至下方一艘舊船玻璃纖維的船首。他們短暫騰空、踏著陽光，接著才像遠處響起一陣爆炸聲那般高聲歡呼，平安落地。

「那會讓你彈起來耶。」一人朝另一人喊著。

這艘舊船的防震墊看起來雖不安全，卻好玩極了。實際上應該說太好玩了，好玩到你發現自己也在思索他們有沒有可能也讓你試它一試。

不遠處有條小河，河裡似乎滿是垃圾——不少輪胎、一只紅鞋、一捆工業用的纜線圈、一些灰色沙發墊襯泡棉和一只已經沒了椅座的老舊金屬學生椅。河岸兩側都是高聳的綠樹，有個女孩與男孩正赤腳爬著樹。

「媽咪知道我跑出來嗎？」一人問另一人。

「我不知道。」其中一人回答，接著兩人繼續爬。

為所欲為，沒大人管的「那片地」

在普拉斯馬德克（Plas Madoc）市中心黃褐色社區大樓的後巷可以找到這個有如德國童話中的「魔笛手」（pied piper）、對孩子充滿吸引力的廢物堆積場。普拉斯馬德克是北威爾斯雷克斯漢姆（Wrexham）南部的住屋，而且是威爾斯「多重剝奪指數」（Index of Multiple Deprivation，英國等已開發國家中常以此指數做為地區相對優劣的指標。）前百分之十所發生的地區。附近的人都管這叫「馬德克風味城」（Smack Madoc）或「硬紙板城」（Card-board City）。這住屋自六〇年代蓋建以來，當地孩子都在這塊土地，或可說幾乎是這片荒地上嬉戲。這片荒地由一條夏日乾涸、冬日澎湃的小溪一分為二。即便這充其量只不過是炎炎夏日下的一灘水窪，早在八百年前這棟住屋尚未蓋建之前便有孩童在此溺斃。在這的當地人回想起童年

時母親對自己說：「你沒到小溪那邊去吧？」他們都會搖著頭說：「沒有，絕對沒有。」——儼然就在說謊。

但普拉斯馬德克的孩子們愛極了這片界於房子與房子之間啥都沒有且凹凸不平的空地。這是屬於他們的世界，屬於他們「自己的空間」。他們簡單稱之為「那片地」（The Land）。這附近沒人想得起他人還曾用過什麼字眼稱呼那片地。

這類為所欲為、沒大人管、容易擦撞、有時近似嚴苛且通常瘋狂又總是骯髒的遊戲，近年來一直被視為一種危機。人們都說，慣性避開風險、父母對育兒的恐懼、教養方式的崩壞以及社會凝聚的下滑等，導致這世代的孩子一直都被關在室內。一會兒沒盯著孩子就會發生危險、對陌生危機的執著、對於意外的恐懼與對反社會行為的吹毛求疵等這些聽到爛到不能再爛的告誡，也就是這些充分宣傳的恐懼，如今都與智庫所發出的嚴重警告和心理學家所提醒的「**遊戲剝奪**」（play deprivation）不謀而合。

讓孩子盡興的遊戲責任

一如卓越的遊戲理論學家布萊恩・蘇頓史密斯（Brian Sutton-Smith）所言：「遊戲的相反不是工作，而是沮喪。」他主張，我們的情緒是否適應得當乃是演化最基本的層次，如今這正岌岌可危。倘若過度謹慎導致你拒絕讓孩子遊戲、拒絕給予孩子遊戲的時間與空間——這裡所指的遊戲是**真正的遊戲**，那種沒有某個大人緊緊跟在身後的遊戲——未來我們便要開始細數遭受孤立、效能不彰、忿忿不平或甚至暴力相向的大人間所產生的社會成本。我們或許盼望自己過去偶爾能夠判定「遺憾總比安全好」，的確，這時候早晚會來。

二〇一二年時，「英國安全衛生署」（Health and Safety）的成員甚至異口同聲的主張「提供遊戲機會時，其目的不在於排除風險，而在於權衡風險與益處。**孩子一旦受到過度保護，將來也就沒人懂得什麼叫風險。**」

在威爾斯，威爾斯議會政府提出了它們所謂的「**充分遊戲責任**」（Play Sufficiency Duty），即便這說法聽起來多少讓人不快，但這可是承諾要為所有的孩子保障調皮搗蛋的機會——那種孩子普遍都會，或者應該都會的調皮搗蛋。在普拉斯馬德克這例子裡，從四面八方募得的反貧窮基金中，有一部份是拿來供遊戲娛樂之用。對「那片地」來說——早已沒落成當地人所說「幹起壞勾當的」的可怕地方——這意味著嶄新的主權生活。

二〇一一年十月，那片空地周圍架起了籓籬，並以賞心悅目的塗鴉與招募遊戲工作團隊的牌子做

為邊界的標誌。空地中針類、狗大便、碎玻璃皆已不復見，運入的是各式較為安全的廢棄物。有人從一元廉價商店取來鐵鎚和鋸子，還有兩只貨櫃被起重機卸在此處，作為這個兒童遊戲場的經理人辦公室。隔年二月，「那片地」成了普拉斯馬德克唯一的垃圾兒童遊戲場，裡面看不到盪秋千或攀緣架，沒有全新的、修理過的東西，也沒有可愛動物形狀的物事，只有一堆堆宛如非洲撒哈拉沙漠中風成沙丘隨著時日所挪動的垃圾。

在普拉斯馬德克土生土長的克萊兒・葛莉費絲（Claire Griffiths）正是「那片地」的經理人，這一片歡樂的混亂之地絕大部份是由她建構設計而成。這貨櫃就是她專屬的行政套房。她坐在貨櫃裡一張破爛的辦公椅上輕輕搖晃著，一副寧可出外去玩的模樣。她解釋著這裡如何運作：它為何不像外面所見的那樣亂七八糟、毫無章法；每當這裡敞開大門，她和同事都是多麼小心謹慎；他們是如何做到「**目標性閒混**」（他們是這麼說的），雖然明顯忙於其它事物，卻總盯著、聽著孩子正在做些什麼；他們是如何預先妥善準備好場地，**移除風險卻又保留冒險**；這團隊對於約莫兩百名登記來此獨自遊玩的男孩女孩有多麼瞭若指掌；這裡規定何等之少（實際上其中一條規定「別燃燒塑膠」或許能夠給你一些啟發）；為何現場總有三名工作人員，但他們鮮少干預，任孩子擦傷膝蓋、敲鎚手指、燒焦眉毛、卡在樹上、爭吵犯錯，多半卻不倚老賣老出面調停。

「當你去到別的兒童遊戲場，」克萊兒說，「裡面的遊樂設施多少都是按照規定來的。我很清楚我想要的『那片地』並非如此，我深信這些孩子都能自己來，這裡看上去並不美觀，但我之所以在這，並不是為了創造出一個符合成人秩序感或整齊感的天地。這裡既不衛生，又杳無人煙。那正是我感受到自己所在承受的極大風險。孩子會不會接受呢？孩子會不會發現**沒有盪鞦韆、溜滑梯**就此離開？不，他們不會。」她停頓半晌，望出門外的那片兒童遊戲場。「他們就像自然而然接受了那樣。」

用信任解決風險

克萊兒在雷克斯漢姆議會的同事麥可．巴克雷（Mike Barclay）從旁經過，在貨櫃中的另一只粗劣的辦公椅上坐下。克萊兒若是「那片地」的建築師，那麼麥可便可說是這裡的工程師。若問問他那些有著不會讓人跌落的幼兒盪鞦韆、鋪有海綿的安全表面與漆有紅黃藍三原色蹺蹺板的兒童遊戲場，他會搖搖頭，接著問你：「那真的叫玩嗎？」麥可負責的是「那片地」厚如百科全書的危機管理政策。他指出，當你在做他和克萊兒所做的，你就會習慣「遭人詳加檢視」這件事——那還是好聽一點的說法。他滔滔不絕的詳述起在「那片地」所會承受到的種種風險皆有其良性的生靈，呈現出健全多方的益處，且足以為證。他輕而易舉的背誦出一連串的研究，顯示出風險是如何教導孩童控制他們的情緒、共同以身犯險的經驗是如何形成強烈的社會連結、那是如何發展出我們因應壓力系統的線路，並且調和認知及行為上的彈性度，好讓這些孩子在長大成人之後無往不利，讓他們不但才能出眾、不屈不撓，甚至——有人敢這麼說——**無比快樂**。

而這一切的核心，便在於差異極其細微的理解——一種許多心理學家或政治理論家也會認同的理解，也就是理解一開始就要為風險下定義非常棘手，但它對人類與不確定性的關係卻又十分重要、耐人尋味。

「我想，倘若你所指的風險就是無常，那麼孩子在如何遊戲之中，便存在著**與生俱來**的風險，」麥可說，「而且遊戲幾乎都是無常多變的，因為你從不確定事情會怎麼發展。」

克萊兒說，「那麼重點就在於你信任這些孩子，你並不認為他們無法勝任或軟弱無能。他們能夠前來此處、能夠嘗試、能夠失敗，同時沒人批判他們、評斷他們，或者告訴他們

怎樣才對。他們得自己找出解決方法。對孩子來說，能夠犯錯並「生存下來」——克萊兒聳了聳肩笑著說——這是很重要的。

「而所有的無常與不確定，」麥可說，「正是讓『那片地』成為最佳遊戲地點的原因。」

★

對在十五世紀初，當時年紀尚小、日後卻成了大名鼎鼎羅馬教宗的保吉奧·佛羅倫汀（PoggioFlorentinus）來說，環繞在不確定性中，就有如遊戲那般輕鬆自在。

平日身為羅馬宗座的保吉奧生性保守謹慎，但他業餘之時，則對當時蔚為風尚、足以增廣見聞的「獵書」（book hunting）嗜好抱持著滿腔熱血。為了取得拉丁作家的手稿，他徹底搜查了中世紀歐洲修道院的圖書館。他擅長此事。除了其他手稿，他還發現了羅馬教育家坤體良（Quintilian）論修辭學的大部頭書共十二冊、古羅馬作家維特魯威爾（Vitruvius）的《建築十書》（De Architectura）、若干羅馬共和國晚期哲學家西塞羅所發表不為人知的演說，以及各式各樣其他的經典小品，這一切的一切，他全數複製，並在學者之間相互傳閱。然而，就在一四一七年某個冬日早晨，就在男子修道院中無人清楚德國位在哪裡時，保吉奧把雙手放在了他偉大的發現上，也就是一整套由西元前一世紀「伊比鳩魯派」（Epicurean）哲學家盧克萊修（Titus Lucretius Carus）所著詩歌的完整複本。那詩歌失傳已久，迄今未見真跡，被稱作「De Rerum Natura」，即《物性論》，內容涵蓋即將改變世界的概念。

《物性論》（On the Nature of Things，古希臘羅馬傳世唯一完整的哲學長詩，也是對古希臘原子論學說最全面的論述。）絕不是在海邊度假所看的那種娛樂書籍，書中內容幾乎長達七千五百行，密密麻麻盡是無數的未來觀，教人驚嘆。那首經由積極進取的保吉奧所重建而成的詩詞，後來為莎士比亞、文藝復興時期的法國作家蒙田、牛頓甚至未來的達爾文、愛因斯坦及德國物理學家海森保等人都帶來了啟發。詩詞內容大膽敘述宇宙並非由命運或神所主宰，而是透過極微小的粒子、原子與「物性種子」（the seeds of things）的運動而形成特色。

再則——即盧克萊修的終極理念——這種原子世界易受到他口中「**微偏**」（clinamen）——亦即「突然轉向、偏離常軌」（swerve）——的影響。這種突然的轉向非常輕微，偶爾發生，但它從可預期且規律的運動中分離時，會是隨機且無法預期的。就原子與人類的層面來說，那種突然的轉向也就是所謂的機會，所謂貫穿「我**們全部人生本來就不可預測**」的一種思維。盧克萊修的「突然轉向」就是風險的根源。

這位詩人進而平靜的勸告眾人，在這樣突然轉向的世界中該如何生活，而我們懷抱的慰藉之一，就是讓緊緊抓住風險概念的人獲得解放，並為他帶來啟示。盧克萊修指出，這種根本的不可預測如何能夠獲得授權、如何「能夠抹去天意」，還有如何能夠預知「一連串無窮無盡的因果關係」。

的確，盧克萊修主張，這種不確定正是我們創造力與自由意志下的命脈。倘若我們只能教導自己隨波逐流，那或許只談得上是自由的基礎罷了。

被鋸子鋸過手指

「你覺得我辦得到嗎？」身穿紅色T恤、站在克萊兒「那片地」辦公室門口附近的男孩，他在艷陽下朝幾個較他年長、已爬至貨櫃頂端且正輪流從上面跳下來的孩子們瞇起雙眼問道。

「夥伴，只有你能回答這個問題。」一旁邊一位正將泥漿內的碎石耙平的工作人員如此回答。

「不會怎樣的啦。」一名小伙子喊道，他才剛

剛落至周圍裏著塑膠的床墊上。

一名身材瘦長的男孩手持鐵鎚從貨櫃頂端往下瞄了一眼。他想必不願拿著鐵鎚往下跳，於是就把鐵鎚從貨櫃頂端拋高擲下。有位一頭棕色卷髮，正彎腰（你或許會說是變換姿勢）繫起軟運動鞋鞋帶的女孩，男孩的鐵鎚先是在空中旋轉，接著才落至距離女孩一、兩吋以外的地面。眾人眼睛連眨也沒眨。

從下午就開始不斷跳上舊船的那對表兄弟則走過來說話。較年長的那個說他叫詹姆士·格林施威德（James Greenshields），今年九歲。

「我每個禮拜會來這裡幾次。」他說，用手背拭去鼻上的一些灰塵，「有時我覺得自己就是想待在這裡。我得用木頭啊釘子啊還有鋸子之類的才能蓋起東西。有時這可能有點危險，就像有一次我不知道有個釘子突了出來，就整個往下跳，結果在腳上戳了個大洞。」

「就是啊，別忘了還有鋸子。」他的表兄弟補充說道。

「這位是布蘭登（Brandon）。對啊，像我就被鋸子鋸過手指，是吧？」

布蘭登點了點頭。

「我都嘛是從類似那邊的那種東西跳下來——那可是我的最愛。」

詹姆士指向樹幹周圍一個用板層、棧板、兩只油桶與一張舊梯子所搭建而成的兩層樓高臨時建物。「當你站在頂端，那可是很嚇人的，但我只對自己說『這安不安全？我能不能夠有個完美的降落呢？』如果我不能，好，我就不跳。一如我先前跳到船上那樣，我知道自己辦得到。」詹姆士突然切換重點。「但今年夏天我打算爬起那棵樹。」他指著，「就那棵。正因為上面沒什麼枝幹，所以會比較難爬。」

他默默看著樹，過了半晌才說「我爸在那」，接著就跑去擠在晚餐時間前用簡陋的繩索在河邊某處所搭起的盪鞦韆上。

「韋恩」是詹姆士的繼父，他說，自己在四年前和孩子母親對簿公堂、打完監護權的官司後，如今正獨自扶養詹姆士和他自己的兒子「泰勒」，也就是詹姆士的弟弟。

「正因為我是這樣取得監護權的，」他說，「剛開始我很害怕兒子不願意跟我在一起，所以我都不讓他們出去玩，連在院子裡玩都不行，最後甚至到了門鈴一響我就吼人的地步。『別應門！別應！把拔先從窗子看一下外面。』」韋恩瞄了詹姆士一眼，此時他正在體現真人版的「泰山」，吊掛在小溪上方的繩索上。「回想起自己過去這副德性真是挺瘋狂的。為了保護兒子的安全，過去我一直嘗試當個『直升機』父母，但沒想到我所做出的決定對我們長期的規畫來說反而是很不安全的。所以這真的很不簡單，我是指讓他們來這。我不知道『那片地』是什麼，又或者這裡呈現出什麼。我是親自來這才瞭解到大家都能**透過多點遊戲，並學著在人生中多點冒險，來讓自己變成更好的人**。『那片地』或許是唯一能讓詹姆士感覺自己就像在家的地方。這其實是個避風港，給了他自由。」

韋恩低頭踢起地上的糖果包裝紙，接著抬起頭來，又重複一次。

「**自由**。」—— RISK WISE

02

火山下的科學

Photo© NASA/Chirs Hadfiedl

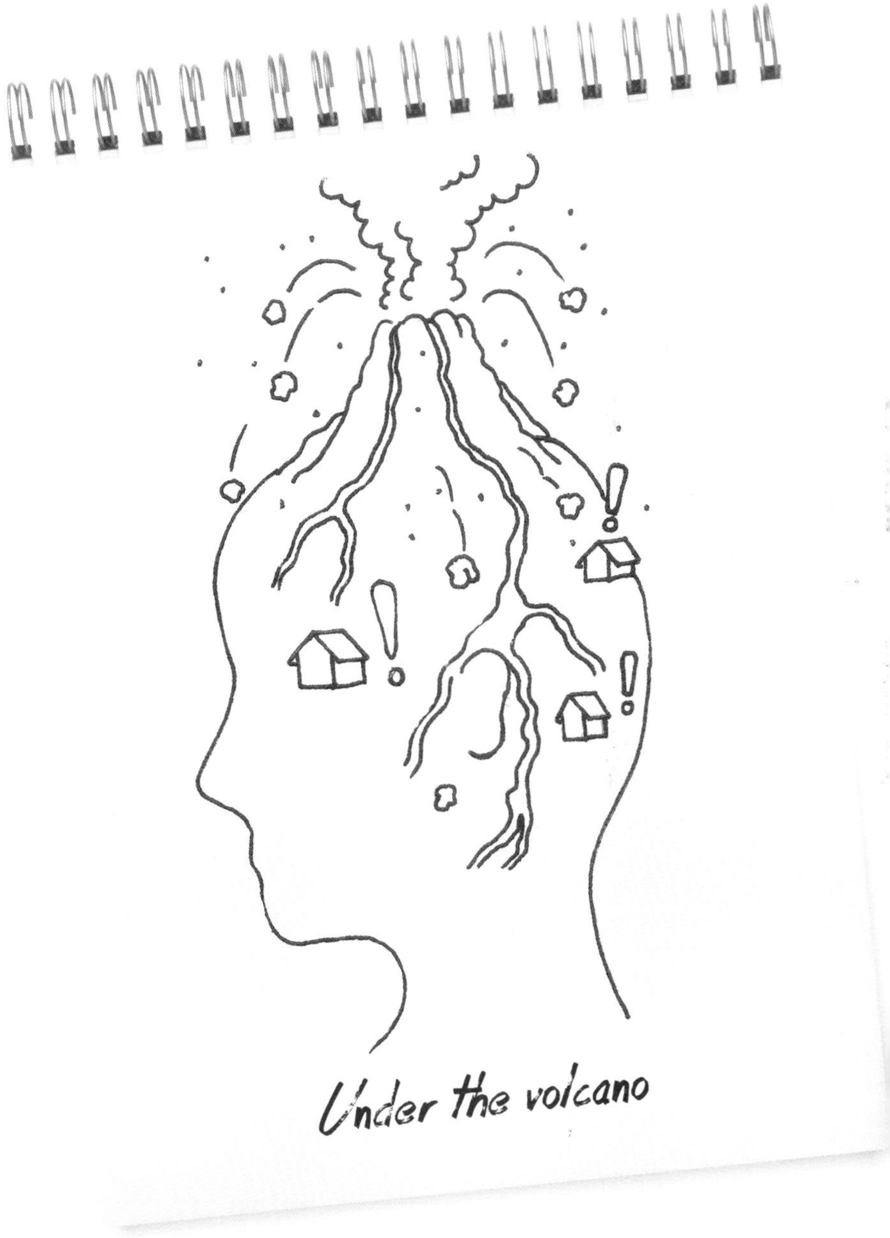
Under the volcano

《物性論》的手稿源自西元九世紀，盧克萊修對人類無常的世界寫下了這套偉大的讚美詩，但保吉奧並不明白，在一四一七年那酷寒之日所發現的手稿，並不是這套讚美詩唯一倖存下來的足跡。

在保吉奧逝世五百多年後，也就是八〇年代後期，學者都在檢視從某位富有羅馬人的私人藏書室所挖掘而出近兩千舊時草紙古卷中的其中一卷。這位羅馬人的豪華別墅座落在義大利赫庫蘭尼姆（Herculaneum）的海濱度假勝地，此地於西元七十九年維蘇威火山（Vesuvius）爆發後即遭岩漿淹沒，被夷為平地。那些已經碳化成塊的古卷就保存在厚達三十公尺的火山碎片下。它們在十八世紀中經挖掘出土，日後廣為人知的「草紙莊園」（Villa of the Papyri，又稱「帕比裏別墅」）便是以此命名，但人們又多耗費兩百年與大量的現代科學才得以在不破壞古卷、使其灰化成土的情況下閱覽展示這些古卷。直到那時，人們才能嘗試透過最先進的掃描設備來辨識書籍裡的真正內容。

結果呢，這間藏書室收藏了一大套伊比鳩魯哲學的作品，而且你瞧，其中還包含了盧克萊修失傳已久的《物性論》。這本呼籲人類屈服並接受這世界無常本質的書，應該早已屈就於風險應驗時最是逼真又猛烈的現況，這真是再恰當也不過了。

「可得性捷思法」

鳩西佩・馬斯朵羅倫斯（Giuseppe Mastrolorenzo）實在太常談論維蘇威火山、閱讀維蘇威火山相關資料、他思考並撰寫維蘇威火山的內容、觀察維蘇威火山、攀登維蘇威火山、為維蘇威火山拍照、測量維蘇威火山、嗅聞維蘇威火山、觸摸維蘇威火山、為維蘇威火山與人爭吵，就連作夢都夢到維蘇威火山，以致他既沒精力，也沒空間時時畏懼這座火山。這麼說並不是指這座火山沒啥好怕的。

「或許我已經被科學汙染了——若這麼說解釋得過去的話，」他說，「因為此刻我對維蘇威火山早已毫無任何情緒，我一心只想到蒐集地質的證明。我知道直接目睹一場大災難是截然不同的，但我並不知道，在我一生中，我何年何月，又或者我窮極一生是否會有機會在維蘇威火山爆發現場進行協助。」他聳了聳肩，低頭看著腳邊帶著碎石的火山灰。「我真的不知道。」他說，抬頭一笑。

「維蘇威火山觀察中心」（Osservatorio Vesuviano）堪稱是世界上最古老的機構，鳩西佩身為其中的火山觀察家，花了三十幾年研究這座曾讓龐貝及赫庫蘭尼姆化為烏有，如今亦使這種危機悄悄逼近義大利南部那不勒斯的火山。這座火山最近一次爆發是在一九四四年，形成了一處火山口，四周環繞著鉛色岩牆，而鳩西佩就站在火山口內的岩突，也就是火山口呈現鋸齒狀的邊緣下方幾公尺處，神情泰然自若。

長滿地衣、銀光閃閃的峭壁帶有裂縫，對鳩西佩發出「嘶嘶」的可怕呼吸聲，一如某種魔鬼般的蒸氣浴，此時此刻，火山口高處日日都有攜帶相機、揹著背包的遊客正往口內深處窺看，他們的細小人影在雲層之下形成了黑色剪影，看過去宛若屋頂上許許多多的八哥鳥。走了一趟或許堪稱是「地獄外圍」之後，鳩西佩開始解釋為何「這是全世界最危險的火山」。

一方面這顯而易見。以往那不勒斯的市中心大約在維蘇威火山十五公里以外，稠密的近郊一路沿著火山坡延伸而上。再則，人們有著由來已久健忘的問題。正因為這種傾向，我們全都得把風險直覺性評估的重點，放在我們最能馬上回想起來的事情上。這種認知上的偏頗是由以色列裔美國心理學家丹尼爾・康納曼（Daniel Kahneman）與著名認知心理學家阿摩司・納坦・特沃斯基（Amos Tversky）在一九七〇年時所發現，他們稱之為「可得性捷思法」（availability heuristic），指在很多時候，人們只是簡單根據他們對事件已有的訊息，包括記憶的難易程度或記憶中的多寡，來確定該事件發生的可能性。

「對一般人來說，」鳩西佩說，「要他們在世世代代住在這裡的人都沒有問題的情況下，接受維蘇威火山是世界上最危險的火山，這是有困難的。相較於人類的壽命，火山爆發的次數可謂少之又少，但就地質時間的算法，那已經算得上頻繁的了。人類世世代代全都忘了風險所在，但對科學家和政府來說，他們須得記住。」

就鳩西佩本身而言，他清楚認真的看待這項「記住」的責任。他一周會花上整整一天進行訪談，好在公共領域迅速取得他對維蘇威火山的瞭解。他還說，今午會有法國電視台的工作人員來訪，並在手機上確認了拍攝的時間。

馬斯特羅洛倫佐博士（Dr Mastrolorenzo）對於這座火山所會帶來的風險向來嚴謹，而且直來直往，導致他在某些領域沒啥朋友。

「我的科學人生向來都是艱難的，」他說，「我不會透過研究來賺錢。另外，默默在風險與利益之間妥協的科學家可是會面臨危機，一如早先義大利『阿圭拉地震』（L'Aquila earthquake）的例子那樣。」沒錯，他所指的就是最近有七名義大利天然災害專家，因為在二〇〇九年時一場規模高達六點三的大地震發生前，只給了法官口中所說「模

糊、一般且毫無效率」的警告，造成阿圭拉有三百零九人命喪黃泉，所以近日已依殺人罪嫌起訴。

「那可是首例，」這位火山觀察家一邊說著，一邊擦去積聚在他眉上的凝結物，他看了看接著說，「也就是科學家由於太過樂觀遭人責難，全被關進大牢。所以啦，這也是種風險。」

但這種風險，可不是鳩西佩可能花上任何一天所願意去冒的那種風險。他開始滔滔不絕、極其詳盡的敘述若是火山「明天」就爆發，那麼將會如何。他解釋維蘇威火山有多麼容易爆炸性的噴發，並說這可不是那種引人注目、從火山中心噴灑而出的熔岩噴泉，而是眾所皆知的「普林尼式火山噴發」（Plinian eruption），危險至極。

「小普林尼」（Pliny the Younger）的叔叔「老普林尼」死於西元七十九年時的火山爆發。這種火山爆發乃是小普林尼根據他叔叔的敘述所命名。這種普林尼式火山噴發，與其規模較小的親戚「次普林尼式火山噴發」（the subplinian），指的都是火山頂強而有力的噴發，朝著天空噴出高達三十公里的巨大柱狀石粉、輕石與熱氣。老普林尼在給羅馬帝國執政官普布利烏斯・科爾奈利烏斯・塔西陀（Tacitus）的一封信中，就曾寫道這片煙塵所形成的雲狀物「有如一株傘形松（umbrella pine）」，也就是在維蘇威火山兩側厚厚的樹叢中所會發現的那種傘狀針葉樹，但在現代人的眼中，這種普林尼式火山爆發後的羽狀煙塵，看起來比較像是核子彈爆炸。鳩西佩解釋，接下來所發生的才最有可能致命。

火山爆發幾小時，甚至幾天後，爆發的柱狀石粉開始坍落，帶來了時速高達七百公里的過熱氣體與岩石。它們排山倒海而來，覆蓋範圍極大，所到之處任何有知覺的生物盡成焦炭、全數灰化。

倘若維蘇威火山發生小規模的火山爆發，那麼這種曾為龐貝與赫庫蘭尼姆鎮民帶來災害的「火山碎屑流」（pyroclastic）——他們是這麼稱呼——也會對目前居住在那的人口帶來同樣的災害。在青銅時代（Bronze Age），維蘇威火山甚至發生過死傷更為慘重的火山爆發，鳩西佩已經寫過幾篇有關此事的論文，讓遠至現今那不勒斯的市中心，甚至更遙遠的地方，都能瞭解火山碎屑流。鳩西佩說，這可是「最糟例子的狀況。」如今類似的火山爆發將可能使全數三百萬人口遭到攻擊。

然而，即便在鳩西佩上方的火山口邊緣架有監測站，站裡還設有紅外線相機與氣體感應器，有關維蘇威火山何時會爆發，還有爆發起來會有多猛烈的問題，這些全都不得而知。

「所有系統都能營造出一種錯誤的安全感，因為人人都說，哎呀，他們無所不知。錯了。**直到一秒鐘前，我們是還知道發生過什麼，但是對於未來，我們可說是一無所知**。就在此時此刻，」如今鳩西佩可是鍛練過的，他正用手劃開空氣，「新的危機（crisis）可能誕生。」

一朵烏雲飄過太陽，雷聲隆隆作響，彷彿鳩西佩已經開始指揮，準備發生作用。他接連數日、數周甚至數月都談論到象徵「危機」即將開始的地震。這「危機」也就是地震後岩石內的膨脹與礦脈的外露，火山口蒸氣噴發物氣體組成的變化，以及地底下大片的岩漿儲集處如何開始減少與斷裂。

這足以讓一個總愛慢條斯理許著願的人即時逃出那該死的火山口，但鳩西佩還沒說完呢。因為他的重點，他之所以來這的重點，就在於義大利有關當局對於火山爆發並無充分的準備，同時有數百萬人命在旦夕。

「多年來，我向來堅持民防人士應該修改緊急計畫，因為這才是一個樂觀正面的緊急計畫。」「樂觀正面」在這裡顯然是個人們忌諱的髒字。「但根據我以往的經驗，問題在於科學家傾向在政府的要求與證據之間找出一個折衷的辦法。不過，我完全不理會任何帶有，呃，」他在找適當的字詞表達，「『打折』（discount）的要求。我是可以打折，但大自然可是不打折的。」他並不想笑，卻勉強擠出了笑臉。

這裡鳩西佩所指的「打折」，就是目前人們的民防風險評估書，乃是根據次要的次普林尼式爆發模式，而非根據龐貝古城經歷完整普林尼式火山爆發的那次大災難所草擬而成。根據這點，評估書中在火山周圍劃定了三個地區：維蘇威火山錐以及易遭火山碎屑流攻擊的「紅區」，較少暴露在火山碎屑流的危險中，但卻比較容易發生火山落塵的「黃區」，以及「藍區」，也就是可能發生山崩的山谷。二〇一三年，在鳩西佩與他人鍥而不捨的遊說下，紅區的範圍擴大，包括二十四市鎮中共二十五萬人口，他們全都得在火山爆發前就加以驅離——即便狀況如何還有待觀察。數年前，政府提供一小筆金額，獎勵人們全都搬離紅區，但接受的人很少，以致方案報廢，無以推動。至於在紅區及藍區的兩百多萬人，這項計畫則需要他們去觀察火山爆發，並要他們一邊等待、一邊觀看吹來的盛行風是否隱約告知他們有離開的必要。鳩西佩就是針對這個主張，發出了惱怒的叫喊。

「我個人覺得這實在很扯，」他說，「他們若想假設會發生次普林尼式火山噴發，那麼就該聲明這並無任何科學根據，而只是因為代價太高。」人們說，要驅離三百萬人口並不可能，但這不是不可能，只是理論上來說不可能。

你有種感覺：這類爭吵將會沒完沒了，但關鍵問題還是在：住在紅區內的平民老百姓是否會瘋狂到乖乖照做呢？

「不，其實我覺得他們不會。」鳩西佩說，「因為我認為，只要他人清楚並正確的告知你危機所在，你對驅離一事有所準備，同時有個能夠規劃此事又系統健全的民防團體，那麼，對，你是能住在火山附近，只是你得做好準備。」

就在鳩西佩前往與法國電視台的工作人員碰面前，他不小心透漏了他自己住在哪裡。霎時之間，你不經意瞥見了那不勒斯人數百年來在面臨風險時苦惱不已、進退維谷的事實。

「我住哪裡？呃，我就住在現在人們所認為的黃區，而我建議將這裡改為紅區。根據我個人的研究，我想，我算是住在紅區裡吧。」鳩西佩咧嘴一笑，聳了聳肩，接著揚長而去。

當尼采來到火山區

當我們從火山口沿著舊路開往山下的「赫庫蘭尼姆」，斜坡上蔥蔥鬱鬱，火山峰頂的販賣紀念品的小攤位和小吃站就位在斜坡兩側，一整片平原盡收眼底，每隔一段時間，陽光就會在山下的城市與遠方蔚藍海灣內船隻的白色尾波上的挪動著。在路邊，我們可以看到舊時的熔岩流在蒼翠繁盛的綠色植被間開出了、條條動亂的街道，接著很快就看到別墅、為欣賞這番景象而附設陽台的公寓區、路旁朝拜聖母瑪莉亞的聖殿、幾家比薩店還有鄉村俱樂部等等。不久之前，這些近郊住宅區便已群聚在此。

我們很難判斷，這些地方所代表的是否超乎勇敢、否定與慣性，但我們最好加以思索來自德國著名哲學家尼采（Friedrich Nietzsche）最強而有力的規勸。尼采在一八七六年秋天愛上了這部分的世界。

約莫在他三十二歲生日，也就是大約維蘇威火山爆發四年後，尼采與朋友在那不勒斯海灣上的「蘇連多」（Sorrento，也在維蘇威火山附近）度過了一個長假。就在那裡，這名哲學家體驗到所謂的「**知性蛻變**」（intellectual metamorphosis），這種蛻變與風險本身密切相關。

尼采幾乎是在一夕之間不再深信某位哲學家陰沉的警告。這位哲學家就是亞瑟·叔本華（Arthur Schopenhauer），他年輕時，尼采曾為他所迷。亞瑟·叔本華曾奉勸世人，說這世界「是種地獄」，我們唯一所能做的，就是「努力取得一間防火室」（procure a small fireproof room），而且還是一間假定可以坐在裡面的防火室。

但就在蘇連多，尼采的思想有所轉變，略偏常軌。實際上，應該說一夕之間，尼采便認定危難是種好事，甚至不可或缺。擁抱危難本身，就是擁抱整個人生，人們不該只擁抱美好舒適的部分。要是真像電影《今天暫時停止》（Groundhog Day）片裡的劇情那樣，宇宙出現了小小差錯而把你給送進了尼采口中「**永恆回歸**」（eternal recurrence）周而復始的漩渦中，那麼尼采主張這會讓你變強、讓你活下去，真正以一種你會樂於一再重複的方式活下去。

「相信我，」從他冒險寫下上帝已經死去的書頁中，他咆哮道，「想要透過生存獲得最豐碩的成果、最滿足的享受，其中的秘密就在於冒險的生活！在維蘇威火山的斜坡上建構你的城市吧！將你的船隻航向未知的大海吧！」

這確實是件任性的事，但這在真實世界中代表著怎樣的智慧呢？我們是得航行到長久以來未知的大海上，但就像剛剛所說，那些在維蘇威火山斜坡上冒險生活的人，他們究竟是怎麼辦到的呢？

火山下蓋起餐館

巴爾德薩利（Baldassare）和菲莉西亞（Felicia）結褵已六十三年。

「在她十二歲、我十四歲時，我們就墜入愛河了。當時我們都還是學生耶，你們可以想像嗎？」

巴爾德薩利咯咯地笑，用關節粗大的手猛力揮著空氣，他還透過一大捆彈性繃帶將那只厚實的結婚金戒固定在指根和掌緣的交接處。巴爾德薩利和菲莉西亞如今已高齡八十九與八十七，他倆這一生都住在那不勒斯裡一個叫「索姆馬・韋蘇維亞納」（Somma Vesuviana）的鎮上，這小鎮就位在火山北側，距離火山口只有幾公里遠，而且就在舊火山口的邊緣下方。

巴爾德薩利的賽門司（De Simons）家族與菲莉西亞的印波羅塔斯（Improtas）家族世世代代都住在山上，透過種植水果、飼養乳牛發展酪農以及砍柴維生。他們的祖先可是在尼采短暫在此度假小憩之前便已定居在這，在火山爆發約莫八、九次後——若有人仔細算過日期的話——仍舊倖存下來，持續繁衍後代。維蘇威火山於一九四四年噴發時，這對夫妻也才不到二十歲。

「火山一天天的爆發，」巴爾德薩利說，「我還記得那聲音呢，轟～

轟～轟的」他的聲音在家中又小又暗的廚房裡發出回音。廚房裡有金屬座椅、福米卡的塑料工作桌，一處角落裡有老舊的燒炭暖爐，另一處角落裡則有隆隆作響的冰箱，另外還有一台小電視，和上頭放有一顆小蘋果的特百惠保鮮盒。「這裡常有火山煙霧，而那些煙霧所噴散出的雨水燙如滾水，足以摧毀土壤和農作物。我們的果樹全都被『煮熟了』，葡萄樹也一樣。緊接著呢，就是火山爆發。」

「我還記得岩石和土壤都遭雨水沖刷而下，」菲莉西亞說，「我們把木桶戴在頭上，當作保護的頭盔。然後你知道真正恐怖的是什麼嗎？我還記得火山熔岩就從維蘇威火山奔流而下，我，還有我一個朋友都跑去看。我們離得很近，只有一百公尺遠。我還記得杏樹就這麼倒下，被炸成了一團團的火焰。」

「不過，」她先生補充道，「即便火山口噴出了三顆巨岩，大如房舍，幸好索姆馬本地並沒受到火山爆發的襲擊。其中一顆掉到我們的農場，另外兩顆則掉在附近的農場。」巴爾德薩利嘆了口氣，搖了搖頭。「沒錯，那座火山向來是對我們有害無益。」

「我是八人當中最老的，」菲莉西亞說，「到處都有子子孫孫跑

來跑去。我們的父母無所適從，唯有深信天命。」她短暫低下頭去，朝著月曆看去。那份月曆用圖釘給釘在牆上，上面繪有聖母瑪利亞把加冕過後的嬰兒耶穌放在腿上的圖像。銀色的「玫瑰經」（rosary），也就是天主教誦經所用的念珠就這麼垂在角落。

緊接著是一陣短暫的靜默，後來巴爾德薩利才輕快的說，「但我們從沒想過離開索姆馬。我們擁有房子、所有土地，而且事實上我們喜歡這裡。火山爆發後，有陣子我們是很焦慮，但隨著時日經過，那種焦慮也就逐漸緩和。如今人們甚至還在火山下蓋起餐館。」他睜大雙眼。

「如今我們就在這裡，」菲莉西亞說，「要是火山爆發，我們能做的少之又少。

這就是宿命。」

「依我之見，那算不上是冒險度日，」巴爾德薩利說，「我不但在這土生土長，也會在這壽終正寢，我從不懼怕這裡。我們擁有動物、土地、新鮮潔淨的空氣。」巴爾德薩利停頓半晌，想想怎麼說才適當。「我們還獵野兔咧。」

「我們需要的都有了。」菲莉西亞靜靜的說。「感謝主。」她起身擦桌。

就在那時，「賽沙」一家（the Sessa），也就是他們的鄰居與好友正好路過，其中有母親「阿蘇恩塔」、父親「喬凡尼」和他們二十八歲的兒子「鳩西佩」。有人端來一只鋪有鋁箔紙的大淺盤，上頭擺滿了從外面果園現摘的水果，同時頂針大小的玻璃杯裡斟滿了白蘭地，等帶眾人舉杯暢飲：「當著這些唱衰我們的人面前，咱們乾杯！」

阿蘇恩塔和喬凡尼家族世世代代也都住在索姆馬。雖然他倆都是在一九四四年火山爆發後才出生，但他們都是聽著父母親這樣的故事長大的：如蒸氣般滾燙的岩石迎面而來，他們為了保護頭部，於是戴著煮飯鍋從田野的這端跑到那端，還有一些馬兒不幸被火山落塵的重

量給不幸壓垮。不過，或許因為並未第一手經歷過遠古火山的憤怒，如今越來越多的風險不再嶄露頭角、變得重要。我們全都住在維蘇威火山上；他們似乎都是這麼說的。

「後半輩子還有許多其他的風險，」正把玻璃杯收拾到托盤上的阿蘇恩塔是這麼說的，「要比住在維蘇威火山的兩側更加危險。我們無法控制火山內發生什麼事，那是自然界的本質，我們無計可施，但是人類所採取的行動，亦即因為『人』才產生的風險──『犯罪』，那才是我所害怕的。過去夜裡我們甚至習慣連前門都不鎖，如今卻住在裝起鐵窗、設有保全的牢裡。」

阿蘇恩塔移動身子，追隨他人前往外面的果園。「對於火山爆發，還有對於每天生活的恐懼，」她一邊說著，一邊穿過有隻小狗正在熟睡的水泥走廊，「我瞭解到這兩者的恐懼並不相同。這座火山是人們集體的恐懼。我女兒說，她希望要是火山噴發，我們全都能聚在一起，不管發生什麼都能一起面對。但那些普遍發生在日常生活中的風險，則是屬於你獨自一人的，它們無法與人共享。」

外面空氣清淨。落日把結滿杏子、葡萄、檸檬及李子的大樹枝染上了淡淡的粉紅。有隻仿聲鳥停在圍起鐵絲網並架有隔板的場地裡，有人路過時再慷慨激昂的說起那不勒斯的本地方言。從棕櫚樹望去，火山口的邊緣看起來長滿青苔，鬱鬱蔥蔥，輕軟柔和。既然沒人談論起維蘇威火山，大家的心情也就好了起來，兩家人正聊著、笑著。喬凡尼抽起菸來。他們全都看著外面的景色，鳩西佩說：「你看，很美吧？」

很難說這是不是冒險活著的意義，又或者是它該有的模樣，但在夕陽餘暉與家庭的溫暖下，這看起來的確是棒極了。——

03
壽司的幸福代價

The price of happiness

浜哲郎（Tetsuro Hama）在倫敦蘇活區的後巷經營一家餐館，餐館後方的門檻對面掛著一幅會讓人樂觀起來的火山圖像。這幅火山圖稱作「凱風快晴」（Fine Wind, Clear Morning），正是江戶時代著名浮世繪畫家「葛飾北齋」（Katsushika Hokusai）《富嶽三十六景》（Thirty-Six Views of Mount Fuji）其中一景的複製版。在那幅畫裡，融雪流淌在富士山緋紅的山頂，而且這張圖是印在「暖簾」（noren）上，也就是日本人傳統會用來區隔廚房與飯廳，或在商務場合顯示個人開放洽公的那種簾子。

彷彿變魔術般，服務生穿過富士山的緩坡赫然現身。他端著擺有壽司與芥末的獨木舟長盤，還有盛滿一如北齋畫中小小雲朵般天婦羅的漆盒，以及一個個裝滿熱騰騰湯麵的陶碗，最後更有一片片的木板，上面擺有經過餐館特有的「熔岩燒」（yogan-yaki）」所烹煮過的和牛牛肉。「熔岩燒」乃是老闆利用進口富士山火山岩所製成的一種天然烤爐。

透過火山所體現出的那種風險，與現代企業與生俱來藉由販售美食獲取利潤，或者希望獲取利潤的那種風險，這兩者究竟有何不同？

當有人在低沉的弦樂背景下等著午餐送來、準備大快朵頤，思考起兩者之間有何不同的時間，也就這麼一分一秒的消磨過去了。

在風險中生活，我們是自己的人生作家

比起索姆馬．韋蘇維亞納的阿蘇恩塔說起她那一世代從擔心維蘇威火山爆發，一直到變成擔心他人犯罪的風險，上一段所提到的另外那兩種風險其實與這差異不大。事實上，我們與風險關係中的這種力量轉換，這種來自四面八方、或強或弱對於人類施為（human agency）以及對於風險的感受度，也就是現代生活最重要的標記。

舉例來說，你若是類似烏爾利希．貝克（Ulrich Beck）或安東尼．紀登斯（Anthony Giddens）那樣備受尊崇、闡述其知名內容——我們正活在一個「**風險社會**」（Risk Society）——的社會學家，那麼，你就會把這稱作「**現代性**」（modernity）。

貝克與紀登斯主張，一如火山、流行病等等外在的風險已被「製造出的」（manufactured）風險所取代，也就是人們自己所創造出的風

險。不管是地層學中冰冠的融化，濫用抗生素下所生成的超級病菌，或是為了這個緣故在通勤火車上自爆的「聖戰份子」（jihadis），這種「製造出的」風險普遍存在於當代生活中，以致幾乎每件與這相關的其他事物，我們都會細看校準。

貝克與紀登推論，不是現代的風險較古時為多，也不是風險在我們生活中所佔據的位置已然改變、無從辨識。而是我們的神經機能時時對未來即將如何存有一股依戀，希望會有正面的發展。正因為我們除了擔心什麼可能會不對勁，所以我們還會付出相當可觀的精力去想像什麼可能會往好的方向發展。我們盼望，我們夢想。在不那麼滿意天命或傳統的情況下，我們已經培養出一種信仰，也就是我們在面對一個充滿不確定性、無疑盡是風險卻也充斥著諸多奇妙可能的世界中，**我們才是自我個人生活的作家**。

方才所說的世界中，也有美味的壽司。壽司午餐已經送達。這家蘇活區餐館幕後的創辦人名為浜哲郎。發生在他身上的故事，既沒有赴湯蹈火般的冒險犯難，也沒有打牌豪賭後致使一貧如洗的危機。這裡沒有華爾街最受爭議股票經紀人喬登·貝爾福（Jordan Belfort）的嘩

眾取寵，取而代之的，是一段默默冒險，有如金錢一樣攸關個人的故事。這段故事不慍不火，適度適中，內容是講述內心應沉著鎮定，並利用這份沉著鎮定，以企業家創業的精神，來看待你個人的幸福。

盤上盛著鮮魚、米飯，搭配起來有如珍珠般的枕頭緊緊靠在一起，浜哲郎就是在這道佳餚之前訴說起他是如何在二戰過後的日本中部出生，還有他父親是如何成為商人——即便他父親談不上特別幸運。在浜哲郎出生之前，他父親過去在中國大陸從事進出口貿易，但當日本戰敗，父親公司倒閉，不久之後元配也因罹患肺結核過世。

「他失去了一切，」浜哲郎說，用細長的黑筷輕輕推起一盤米粒。「他的長子，也就是我哥，他才剛剛出生，不論我父親的雙手能夠扛起什麼，那同時也是他唯一所剩下的了。」

浜哲郎的父親並未因此受阻，他備妥資本，「在幾乎全被燒成焦土的東京都中」，開了一家小咖啡廳和一百日圓廉價商店（hundred-yen store），在日本人眼中，後者就相當於一元商店或一角店鋪。浜氏一家成員越來越多，而令他們懊惱的是，這兩家店最後都是慘澹收場。

「我父親向來都是我仿效的對象，」浜哲郎說，「因為他是個相當靈活、願意廣納不同意見的人。他嘗試過很多很多事。有關這點，我想我是跟他學的。但他的兄弟啊親戚啊總是在說，唉，他老是三心二意，一事無成，當時我還是個孩子，但我覺得這樣不對，這麼說有欠公允。」

這種不公平的感受，以及深信「一個人應該藉由嘗試新鮮事物而被允許去冒失敗的風險」，對浜哲郎來說，是一種揮之不去的感受。事實上，這也成了他終身奉行的信條。

一九七一年，就在他三歲時，他第一次離開日本，適逢長久以來的旅遊限制鬆綁，那時正好是第一波戰後觀光潮。正當大多數的日本人都前往美國，浜哲郎則是少數前往歐洲的日本人。

「我想要與眾不同，」他說著，平靜的旋轉著桌上的一碗味噌湯，彷彿它就像是儀器上的刻度盤。「一般來說，我並不隨波逐流，當我來到這裡，我覺得這裡根本就是一個嶄新的世界，一切與伴隨我成長的是多麼迥異。於是，我想留下來。」

浜哲郎長期以來一直醞釀著追隨父親經商的渴望，而一當他瞭解到他能遠離那個大家庭打量的目光，進而從商，這個從商的念頭就此變得清楚、明白。他回到東京，但他不是找個單調乏味、一如大家所期待的工作就這麼定居下來，他向父母宣布，「我想創業。而且是在國外。」

「我可不想做些平凡無奇的事，」他說，「當時大多數的父母都會說不可能，你辦不到。但我父親呢？浜哲郎笑了笑。「他說，噢，好主意。你就去吧。我居然不顧後果的認為我身無分文、語言不通、毫無門路也能辦到，但我沒什麼好失去的，這壓根兒就是一場冒險。」

一個打扮整齊、身著熨燙妥貼的米色及淡藍色衣服、太陽穴兩側頭髮灰白、鬍子修剪整齊同時又瘦又小的男人磕磕絆絆的說出這些任性的字眼，這聽起來是有點不太搭調。沒錯，若非閃耀在他眼中的那份生氣蓬勃，和其行為舉止不甚相襯的隨性態度，單從浜哲郎的外表，其實看不出來他抗拒順從。

從燒烤屋到賣車人

一九七三年，他抵達倫敦，立刻開始尋找機會。不久之後，他碰巧在「貝斯沃特區」的後巷發現一家小型的觀光旅館，旅館地下室有個房間，除了早餐之外，其他時間全都空著。當時倫敦只有四、五家日本料理的餐廳——如今日本觀光客的人數卻是不計其數——浜哲郎開始說服旅館老闆，只要這裡旅館僅此一家，那麼他就有能耐讓一群又一群的日本顧客爭先恐後的前來投宿。

「我說，呃，那我能不能免費租下這裡，然後他說，免費？噢，不行不行，你總得付電費和瓦斯吧？於是我就答應了。」他咯咯地笑，今天的他顯然就像四十年前的他那樣開心。

浜哲郎開始籌備自己的旅館，比起大膽貿然做起生意，他著手此事所秉持的態度反而比較像是執行一個學校的計畫。他從一塊保麗龍剪下日本地圖的形狀，著完色後黏在牆上，再用木頭與壁紙趕製出日式拉門（shoji screen），用來遮住看得到通往地下室樓梯的窗戶，就這麼開始營業。

「我把這裡叫做『浜氏日式燒烤屋（Japanese Grill Room Hama）』，之所以會叫烤肉屋，是出於一個很簡單的理由，也就是生魚在這並非隨處可得，同時我的主廚並不是壽司師傅。他是日本人沒錯，只不過他是專攻法國料理的主廚，而且非常年輕，才十九歲，剛從烹飪學院畢業而已，所以我對這傢伙說，好，你會做味噌湯嗎？噢，我會，他說，接著我說，好，那就對了，你就過來上班吧，於是他就來上班了。」

浜哲郎放聲大笑。整個用餐過程中，他用劇本般的方言，一點一滴透露起那些對他來說似乎是最快樂的回憶。然而在浜哲郎機敏應答的背後，你能夠看出這位老先生對於什麼深具風險可是再清楚也不過了。

「所以，這所有的一切風險很大，對吧？」他一邊說著，一邊讓自己平靜下來，並調整筷子該怎麼放的角度。「我對如何經營餐廳一無所知，對如何經商也是一無所知，我甚至連工作證都沒有。你知道

吧，最糟糕的狀況也許就是被遣送回國。」他挑了挑眉。「但這就是我個性中的要素之一。我這人本身非常樂觀，正因如此，我勇於冒險，但並不覺得這是冒險，而且有時就算你不冒險，那本身就是一種風險。」

浜氏日式燒烤屋並未在一夜之間變得生意興隆，一年之內，店裡收支打平，浜哲郎甚至開始付給自己較少的薪資。三年後，浜哲郎又在北倫敦的「芬治利路」（Finchley Road）開起第二家餐廳，而就在一九七九年，他發現了一個得以致富的大好時機。

同時，隨著七〇年代初期日本境內旅遊限制的鬆綁，散客進口汽車的繁瑣手續也變得簡易。浜哲郎的人緣很廣，他對英國的經商環境和第二外語的學習也感到相當自在。衝著這點，日本境內愛車的狂熱份子便開始要求浜哲郎代表他們，不是從這裡進口法拉利，就是從那裡進口捷豹，讓人興奮。

「這種事若成了例行公事，那我可辦不到，」他說，就像只有他一半年紀才會這麼做的男人那樣，他抖著肩膀，踏著輕快的腳步，領著大家走出餐館，到達停在外面的一輛銀色賓士。「我總是要找到新鮮的事物，」他說，啟動引擎，隨著暖和的夏風似乎把浜哲郎的賓士給吹送到「波特蘭廣場」，穿過「攝政公園」，經過麥達維爾的大廈區、「帕爾默斯飯店」（Palmers Lodge Swiss Cottage）中層的水泥建物並且繞經熙熙攘攘的「北環路」往他另一間店家而去，他描述起自己臨時起意投入汽車買賣的舉動是如何演變。

他開始在一個大車庫和展示廳後方租起一間小辦公室，分包工程、銷售汽車，這一切的一切，都是為了能夠馬上成為日本社會中監督所有零件工程等的供應商。這是個聰明的點子，他的生意很快就越做越大。直到九〇年代中期，浜哲郎發現自己成了全國最大的豐田代理商，全年營業額高達七千英鎊。然而，他的生意也變得「談不上索然無味，

卻成了例行公事」，同時充滿壓力，他說，「壓力越來越大。」財源滾滾卻欠缺樂趣，這可不是浜氏風格。二〇〇三年，他找到了脫離的方法，並以他口中「很合理的價格」將公司出售。浜哲郎的車庫毫無疑問是你所見過最乾淨的車庫，同時也是浜哲郎經營汽車買賣所唯一留下的部分。如今，浜哲郎站在車庫中間，僅說：「這是個有所突破、做點不同事情的好機會。」

幾個月後，山本薰（Kaoru Yamamoto）來電，也就是浜哲郎經營第一家餐廳時那位年僅十九歲的主廚，他仍和浜哲郎保持朋友關係，如今正艱苦萬分的在百業蕭條的東京經營一家快要倒閉的法式小酒館。

「所以他說，我打算把店收了，接著我說，那你有什麼計畫？」浜哲郎再次咧嘴一笑。「毫無計畫，他說，毫無計畫？那你想回來倫敦嗎？因為日式料理現在很受歡迎。於是他就來了。我就這樣幫他把事情搞定，」浜哲郎低聲說道，「就為了山本先生，我的主廚。他真的很有天份。」

所以，他和山本薰兜了一圈又回到原點，然後在倫敦蘇活區開起這家在廚房門口掛起火山暖簾的精緻日式餐館。倫敦市裡的日式料理廚藝學校接著成立，開始招生時，適逢二〇一三年聯合國教育、科學與文化組織（UNESCO，全稱 United Nations Education Scientific and Cultural Organization，簡稱「聯合國教科文組織」）宣布「和食文化」已被登記註冊為「非物質文化遺產」（intangible cultural heritage）。

「我或許還能開起連鎖速食店呢。」浜哲郎咧嘴笑道。

浜哲郎現年六十六歲，即便他已在英國度過三分之二的人生歲月，他仍舊像個日本人那樣不易激動、不輕易流露情感，說起英文也帶著一種時難理解的濃濃口音。他明確的保有一種遠從海外日本登陸異地的身分。他的太太和他成年的孩子全已回到東京，只有浜哲郎不論好壞都選擇留下。如此這般的企業家人生，他在別處不但無福消受、無從進行，更無以建構，因為這種人生乃是圍繞在人們所瞭解的兩個面向，一是瞭解到在海外當個外國人會是什麼模樣，二是瞭解到在海外當個外國人是一件如何偶爾能夠讓你感到快樂又自在的小確幸。

當被問及他是否深信相較在自己的祖國，他在這裡，也就是在英國擁有較多的自由空間追求事業發展，他說，「嗯，我是這麼認為，」接著他加以思索，同時走回車子。「在日本，人們通常是以自己擁有的資產來為公司擔保，所以要是你生意失敗，你也就什麼都沒了。還有，日本人很容易覺得自己一旦生意失敗，**就是個輸家，整個人生就完了**。在這，你卻可以再次嘗試。這就是其中的不同。」

★

這就是浜哲郎式的做法與其事業成功的核心。長期以來，他對於一次次的小挫敗不屑一顧，而在好運的微風自他身邊吹過時，卻盯著這類輕如薊花冠毛的事並且敞開心胸，接著在它飄過時「一把緊緊抓住」——套句他所說的。他不但幸運，還在一個風險社會和不確定的世界中創造出自己的好運，長久以來，他便是結合這兩者的最佳典範。

隨著他駛過首都，外加晚餐在即，浜哲郎如一陣微風輕快的駛進他位於阿爾德門（Aldgate）一座座如水晶透明般商業殿堂間的廚藝學校。他站在附近，和員工開著玩笑，而員工正在準備晚間課程，擺設鋼杯、青蔥和芥末的小菜、帶有光澤的茄子以及銳利的餐刀。空氣中瀰漫著醬油和米醋的濃濃氣味。

有人慫恿浜哲郎穿上圍裙。「我想看的事要登場了。」有位主廚這麼說，浜哲郎作勢自己嚇得半死，引來眾人哄堂大笑。

「我要是完成某件我想達成的事，我就會非常開心，」他說，「那未必要是錢，未必要是高額的營收。我的員工非常享受自我，這就像個大家庭，十分友善，那也就是一種成就。我很樂於見到看到大家開心，因為那個時候，呃，我也會非常開心。」

一如美國小說家強納森·薩佛蘭·佛爾（Jonathan Safran Foer）所言，「**你要讓自己免於悲傷，同時也就要讓自己免於快樂**」。所以在那種情況之下，喜樂究竟何在？浜哲郎的人生似乎已不證自明。——

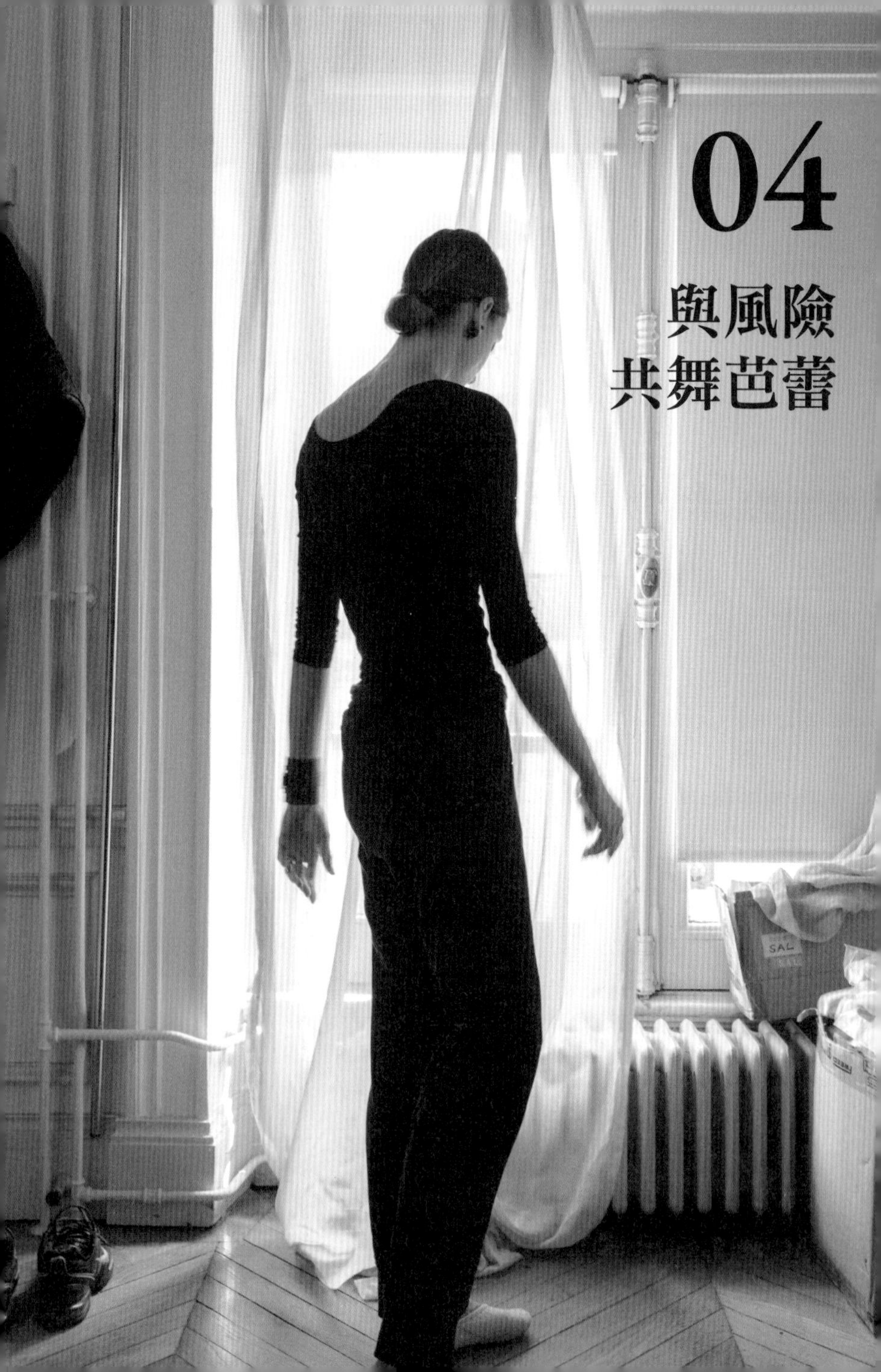

04

與風險共舞芭蕾

Etoile

想像一下有個表面高溫炙熱的舞臺，以致你我為免燒傷雙腳，肯定無法走過。接著再想像一下，隱身的音樂家演奏著激動快樂的旋律，這時有個可愛、模糊的生物隨著音樂突然從周邊一片漆黑旋轉而出，用她靈巧的指尖在那跳著舞。要是她停留太久，或者動作笨拙緩慢，那麼她肯定會遭烈火炆身。又或者說她看似如此。然而，比起其他地方，她彷彿寧願待在這裡。她面帶微笑，旋轉搖擺，一如落入熱風漩渦飄揚而下的白色羽毛。不久，她不停的旋轉，轉到成功停下，以致台下觀眾因不可思議而發出了熱烈的喝采。

當然，這舞台並不熱，台上的人物也非某種超自然的個體。那只不過是法國芭蕾舞伶桃樂絲．吉爾伯特（Dorothée Gilbert）某天辦公時所能想像出的一種效果。她正是這世代中最傑出的芭蕾舞伶之一，也就是國立巴黎歌劇團（Paris Opéra Ballet）中的「明星」（étoile），主要在法國巴黎市中心金碧輝煌的「巴黎歌劇院」（Palais Garnier）內演出。「明星」是指這裡位階最高的「獨舞者」（soloist），就法文字面上來看，也就是「星星」的意思。國立巴黎歌劇團同時也是全球歷史最為悠久的首席芭蕾舞公司。

不過桃樂絲這個與明星齊名的稱號，主要歸功於她的雙親在將近二十年前所默默冒起的風險，那風險不但規模較小，也不特別迷人。這是某種浜哲郎或許辨識得出的樂觀賭局，縱使沒人能夠完全肯定的清楚知道，但這確實是以「**幸福或許值得追求**」的直覺為基礎。

一九九五年夏天，理查．吉爾伯特與伊娃．吉爾伯特夫婦（Richard and Eve Gilbert）決定出售在法國土魯斯的家族事業，也就是一家生產寬鬆上衣，生意平平卻能長久經營的公司。這對夫妻有個獨生女，年僅十一歲，名叫桃樂絲，她熱愛跳舞，而且天生就是跳舞的料。當時頗負盛名的「巴黎歌劇院芭蕾學校」給了桃樂絲入學的機會。由於桃樂絲的父母本身都有過寄宿學校的經驗，對此厭惡至極，因此不讓她有機會步上他們的後塵。要是桃樂絲即將前往首都巴黎，他們也會跟著去。

保守的說，那就是一股衝動。吉爾伯特一家人不懂得芭蕾世界中的自相殘殺，也不懂得小桃樂絲要是無法及時履行諾言，幾個月內她就會被攆出學校。她班上只有九個人，而其中有三分之二才讀第一年就會消失得無影無蹤。的確，吉爾伯特夫婦也不知道他們究竟要在巴黎做點什麼，才能讓整個家庭經濟無虞，免於負債。他們隱約希望自己或許可以買下一家巴黎代表性的路邊書報攤，但這些地方卻都以過高的價錢轉售給下一個買家，這番現實硬生生的把他們的希望砸了個粉碎。如今他們人在巴黎，桃樂絲上的又是芭蕾學校，所以她父親就只是簡單的拿起電話，然後一點一滴著手建立起先前在土魯斯所經營的公司。

「所以，將近五十歲的他從零開始，白手起家。」桃樂絲說，她在第九郡內距離巴黎歌劇院不遠的酒吧裡點了一杯所費不貲的拿鐵咖啡，並攪拌著加進裡頭的甜味劑。「那可是超大的風險。超大。我想，在他們心裡，要在那個階段說出『好，咱們捲土重來吧』想必非常困難。但他們從來不會讓我覺得，他們正在為我付出這麼多。他們從不會說，妳瞭不瞭解我們是為了妳才來巴黎？從來沒有，我也覺得他們在這對我來說非常重要。和其他年紀幼小的舞者寄宿學校時，是不會有他們把碎玻璃放進妳的芭蕾舞鞋這種事，但彼此之間的競爭非常激烈，整體氣氛相當難熬。不過你看，我逃脫得了。我會回到家裡，回到爸媽身邊，然後我們會聊些其他事情。我想，那對我心理平衡來說非常重要。」

在桃樂絲這一行，心理平衡有其具體的重要性。因為，縱使實際上芭蕾舞者本身的工作並不危險，但是真正的風險卻會接踵而至。他們每天都會面對**肢體傷害、職業挫敗或者遭人揶揄**這類的風險。就因為他們全都在觀眾面前使出渾身解數、跳到精疲力盡，所以這類風險就像經過一而再、再而三的蒸餾，自然變得更加淬鍊且精彩。

桃樂絲毫不掩飾，容光煥發。她一邊喝咖啡、一邊列舉出各式各樣的風險，並用她濃濃的土魯斯口音說，身為「明星」，妳是如何背負著續保演出品質一貫出色的聲譽，「向來都是攸關創意的風險，」她是這麼說的，「像是觀眾會不會滿意我的表演？這樣有沒有用？觀眾感不感動？因為我得無愧於我所被賜予的頭銜。」她說，甚至今天，她的內心還會浮現一種揉合複雜的感受，也就是巴黎歌劇院傳奇的舞台乃是「聖地」，在這舞台上，你必須是高貴華麗、極致動人，即便這個鍍金的展所空無一人。

桃樂絲現在正為她所要談的主題熱身。她說，這一行也有所謂「技術上的風險」，也就是你的雙腳能否跳好編好的舞；為了舉例，她脫

口說出自己的一段小故事，就是芭蕾獨舞中殘忍瘋狂的舞步——也就是本章節一開始所敘述的那種獨舞——曾讓她一度在古巴的表演途中跌落不起。她欣喜的微笑著，緊接著說起其中也有個人的風險，「因為一旦化身劇中的人物，你就是赤裸裸的顯露出內在的自我。所以，要是你的詮釋方式不受觀眾青睞，那也就象徵你的靈魂正瀕臨崩潰邊緣，岌岌可危；你投入一切，卻一無所獲。」

最後，彷彿這一切還不足以阻止人們別再穿上粉紅的緞質軟鞋、跳起芭蕾，這種精緻的芭蕾藝術，還會對你的身體帶來其他衝擊。

「對我來說，最大的風險，」桃樂絲說，彎下腰來，茫然的把手繞在踝關節後方，「就是傷害的風險。因為你總在把自己推向極限，你會常常面臨不算太過嚴重的抽筋、發炎。那些都只是舞者每日的輕傷而已。」她微微聳肩。「然而其中會把這種輕傷轉變成實際傷害的極限，實在太過細微，以致難以察覺它在哪裡。常常你在還看不到極限時，人就已經受傷了。」

她活力十足，眉頭連皺也沒皺，就這麼沈浸在她冗長乏味又叫人毛骨悚然的描述中，在她所描述的傷害裡，包括她的小腿後肌是如何在她二〇一二年演出《舞姬》（La Bayadère）一半時，就這麼一分為二。「啪！」她說，睜大雙眼，「演出前我很好，我暖了身，還在那裡踏踏踏踏跳著舞步。」她在空中用手擺起阿拉伯式的基本舞姿（arabesque）一會兒，「然後，剎那間，所有的魔術、懸吊、壓力，一切的一切……『啪』一聲應聲而斷！彷彿我從一場噩夢醒來那樣。咔！非常恐怖。我就是那樣離開舞台的。」桃樂絲從桌子起身，手擺臀部，拖著腳步走過空無一人的吧檯，並低下頭來。「音樂持續奏著，我身後的舞者繼續跳著，然後我就是這副德性離開了舞台。僅存的只有我的小腿、我自己，還有我想乘著飛離此處的雙翅。」她回到桌子，問道，「你介意嗎？」接著掏出一根電子煙，抽了一口。

小腿本身很快就能復原，只要一個月就能修復，接著再搭配物理療法，但是心理創傷的癒合則成了一種較緩慢較複雜的過程。修復撕裂的肌肉需要多少復健，受傷的舞者與風險之間的關係似乎也就需要多少復健。的確，桃樂絲甚至說，舞者會因為受到傷害而終止職業生涯，然而真正終止他們職業生涯的，往往都是將他們消磨殆盡的心理創傷：他們長期疼痛，恐懼遭受更多的職業傷害，而且就是單純不再喜歡他們所做的事。「就是不想幹了。」她這麼說。

「在我心裡，我覺得我的小腿很恐怖、很糟糕，這令我震驚。」她帶著整個早上以來最憂鬱的表情如此說道，然後低下頭去，用拇指抹了抹上了色的指甲。「要你不害怕再次受傷，這並不容易。那種害怕太過強烈，我有好長一段時間都揮之不去，你知道的，就是你腦海中有個聲音，說著小心喔，別樣樣放棄，但也別奉獻出你所獲得的一切。」她嘆了口氣，然後再次微笑。「你真的必須在身體裡重建起那樣的自信，清楚表演途中它不會讓你失望。一來透過時間，二來透過再次跳舞、躍上舞台、跳起更多場舞，你才能辦到，然後最後，你就會瞭解到自己安然無恙。」

接著，桃樂絲有如一陣悠然飄起的輕煙，從椅子起身，「走吧，我十一點有課。」她從巴黎第二區的「和平街」出發，穿上飾以亮片的輕便舞鞋，以芭蕾舞者微微抬腳的獨特步法，輕快的踩著腳尖逕往歌劇院而去。

如何測量風險與我們的關係？

「風險」這字的字源幾乎變得和它本身的概念一樣，那麼的游離飄盪。一般人們相信，這可追溯到荷馬史詩《奧德賽》（Homer's Odyssey）的故事。故事中天上的宙斯在一陣憤怒之下降下恐怖的暴風雨，而我們的英雄奧德賽正是這場暴風雨中唯一的倖存者。奧德賽的船隻被海洋的力量掃回到恐怖至極、吞噬船隻的「卡力布狄斯大漩渦」（Charybdis），慘遭吸入，奧德賽則是藉著拚命抓住當時恰好自懸崖峭壁上突出的無花果樹根才獲救。那樹根有個專有名詞，叫做「rhizikon」，也就是希臘文中的「根」。自此之後，這字便展開了詞彙上的游移。很快的，它被用來指懸崖或「硬地的峭面」。一如古希臘人航海時為了人們能在海上順利閃避各種「困難」所產生的速記法，

「rhizikon」這字就這麼意想不到的出現了。這對卡力布狄斯大漩渦來說似乎略顯柔和，但這字便這麼誕生了。

接著這字發展到了拉丁文，便迂迴轉折，成了「resicum」，意指「陡峭之地物，如危岩、峭壁等」。這個人們推論應指「某種未知災禍（peril）所在的臨界點或出發點」的字，最後似乎與中世紀義大利文的「risicare」，即「遭逢危險」之意，合併成另一個字——「risco」。

隨著中世紀末偉大海上探險時期的開始，如今「risk（風險）」無論在字或是概念本身，皆已臻成熟。歐洲野心勃勃、心想開拓事業版圖的商人和船員全都捨棄已知之事，迎接未知之事，也就是預見橫跨地圖所未標示的海洋後，「硬地峭面」所蘊藏的知識與財富。沒錯，這意味著遭逢危險，卻也同時擁有回饋的可能。有了這種正面的詮釋，如今人們瘋狂的從義大利文借用此字，從法文的「risque」、德文的「risiko」、葡萄牙文的「risco」、西班牙文的「riesgo」，一直到一六六〇年代英文的「risk」，形成了一連串的骨牌效應。

你將會回想起過度沈浸在放假模式的哲學家尼采，是如何勸告我們「冒險的活著」，呼籲我們別只著手在維蘇威火山上蓋建城市，並且應該揚帆航向「地圖上所未標示的海域」。如當今世人所知，那就相當是「風險」字面上的意義。然而在真實世界中，風險並不僅存在於海上，而是遍及每個地方。一如桃樂絲．吉爾伯特在芭蕾表演中對於風險的分類法，風險並不僅侷限在客觀（與算得出來）的肢體風險。任何一個認真想要瞭解人類所面對風險的人，他們都必須承認強烈的主觀性時常發揮作用。因此——問題來了——這該如何衡量呢？

最近人們嘗試以一種心理測量尺度的形式呈現，而這種心理測量的尺度，是由一群北美的心理學家在二〇〇二年時所發表。他們試圖透過其中五種不同的「領域」（domains），或者我們會在哪些方面做出人生的決策，來衡量我們與冒險的關係。「**特定冒險領域**」（Domain Specific Risk Taking）簡稱「DOSPERT」，正是當今決策理論的樑柱，其中的尺度把人們會冒的風險分為「**道德風險**」（如仿冒簽名，或與人妻子發生婚外情）、「**財務風險**」（拿部份的所得投資購買投機性的股票，或把單日的薪水拿來賽馬下注）、「**健康相關風險**」（沒擦防曬係數三十的乳液就貿然進行日光浴，或在晚上獨自穿過偏僻地區走路回家）、「**娛樂風險**」（滑雪或降落傘）與「**社會風險**」（與老

友吵架或中年轉業）。

一方面，DOSPERT 建立在這些不同風險所調查出來的結果，更強化了我們直覺就瞭解的事：人們對於準備怎樣冒險有著天壤之別，但我們並不全然厭惡風險，也不會全然投入冒險。試想那些膽小害怕的定點跳傘人（base-jumper），或是煙癮極重卻生性謹慎的投資人吧。然而，DOSPERT 首次便衡量得出，這些差異較少透過某些根深蒂固的人格特質，或是個人對於冒險的基本態度顯現出來，反而較常透過我們理解事物的角度，以及衡量某件特定活動的優缺顯現出來。

這麼一來，你也就突然瞭解到，我們與風險的關係堪稱是量身訂做，且不單與我們恐懼的起點或與我們對冒險（或航行）的愛好絕對相關，而是與我們深信什麼、重視什麼，還有我們想要人生變成什麼模樣有關。

控制身體的練習曲

桃樂絲．吉爾伯特如今坐在巴黎歌劇院的更衣間裡。那更衣間就位在呈現法式咖啡色寬敞走道的後台，它是一個潔白無暇的小空間，裡頭木製地板磨損，天花板挑高，同時狹長的窗戶掛著亞麻布的窗簾。芭蕾舞的短裙掛在一整排鈞鉤上，還有一個個擺有芭蕾雜誌與摺好芭蕾上衣的櫥櫃。紫紅絲絨材質的長沙發尾端堆滿了一百多雙足尖鞋（pointe shoes）。「足足兩年份。」桃樂絲說。支托著反光鏡下方的梳妝台擺有一張蘇聯著名芭蕾舞蹈家紐瑞耶夫（Rudolf Nureyev）年輕時的照片。他曾帶領整個劇團走過一九八〇年代，而且他的喪禮，就舉辦在樓下由大理石所砌成的門廳。

「開演前，我總會有點怯場，整個胃都攪在一塊兒。」桃樂絲說，正用針固定起她的頭髮。「然而，我一旦走過屏幕，站上舞台，就把一切給忘了。然後，那會是非常美好，有如你就懸浮在兩個世界之間，有如你不在存在於現代、不侷限於地表，時間就這麼靜止。就像那樣。」她打響手指。「而那正是我熱愛跳舞的部分。並不是每次表演都會像這樣，但這一旦發生，就真的非常迷人。」

對於桃樂絲重視什麼、相信什麼，還有是什麼造就這所有的一切、所有的苦難、所有值得的風險，她全都深信不疑。她正充分展現出DOSPERT的原則，這不是因為此時她正在全面檢視她的價值系統與她對風險的理解，而是因為三個月前，她才剛生完第一個寶寶——一個叫「莉莉」（Lily）的女孩——她就重回工作崗位了。你無法從她瘦長的骨架猜到答案，而是長達十一個月沒有跳舞自然會給人一種「呃，沒啥風險啦，只是隱約有點不安」的感覺，桃樂絲說，「不安於未來我是否打算塑回過去的體態？是否打算像過去那樣跳舞？將來觀眾會不會把我忘了？因為身為舞者，我們控制自己的身體、自己的肌肉。突然之間，我居然什麼都控制不了。第一次，我的身體在毫無個人意志力的驅使下變了形。那很自然，所以我看著自己頂著超大的胃，心想我可不可能回到過去的樣子呢？我向來勤勉不懈，於是我想，努力就能辦到吧。」

她解釋自己在巴黎歌劇院那場復出的演出，正好就是丹麥舞蹈家哈拉爾・蘭德（Harald Lander）眾所皆知超高難度的《練習曲》

（Etudes）。「為此我整個壓力超大，」她笑說，「但為人母後，我開始會從正確的角度看待很多事，很多過去我或許會小題大作的事。正因你擁有這個遠比其他事情都還來得重要的小傢伙，所以壓力或風險多少就移轉出去了。」

★

樓下大型的鋼製燈光照明與懸垂的布簾後方，即表演會場的舞台後部，收藏著一件巴黎歌劇院的稀世珍寶——法國小說家巴爾扎克（Balzac）筆下由法國印象派畫家竇加（Degas）所繪成的《歌劇院舞蹈教室》（Foyer de la Danse）。人們實在很難相信，這麼一個錚亮豐富的空間，僅被上台表演前的舞者用來熱身或者接收芭蕾主任上台前的提醒。

有兩座巨型的枝形吊燈，宛如小樹在金黃色的粉刷下開枝散葉，而桃樂絲就在那為課程暖身。在鍍金纏繞的樑柱與繪有世外桃源的巨幅畫作旁，桃樂絲顯得身形嬌小。的確，倘若有那樣一個空間，得以在她纖細的雙肩上增加人們對藝術的期許，即承擔起一種攸關創意的責任，那麼鐵定就是這裡了。所以人們在回憶起桃樂絲早先在酒吧裡吃早餐、喝咖啡時所曾說過的話，也就會感到鬆了一口氣。

她說：「你問我學到了什麼？」她說「呃，那就是冒險很好，因為那讓我們超越自我，但你也得明白，是什麼把你和現實綁在一塊兒，還有別做得太過，以致不知不覺陷入了負面的風險。你知道的，就像那些不斷往上飛阿飛的充氦氣球，你若沒拿條細繩將它們綁在地面，它們便會飛上天空、消失無影無蹤。這就有點類似這樣。你是需要氣球的美麗，但你也需要那條細繩。你得意識到自己在做什麼，還有自己是誰，那麼你才不會飛得太遠。」

05
天際線回收者

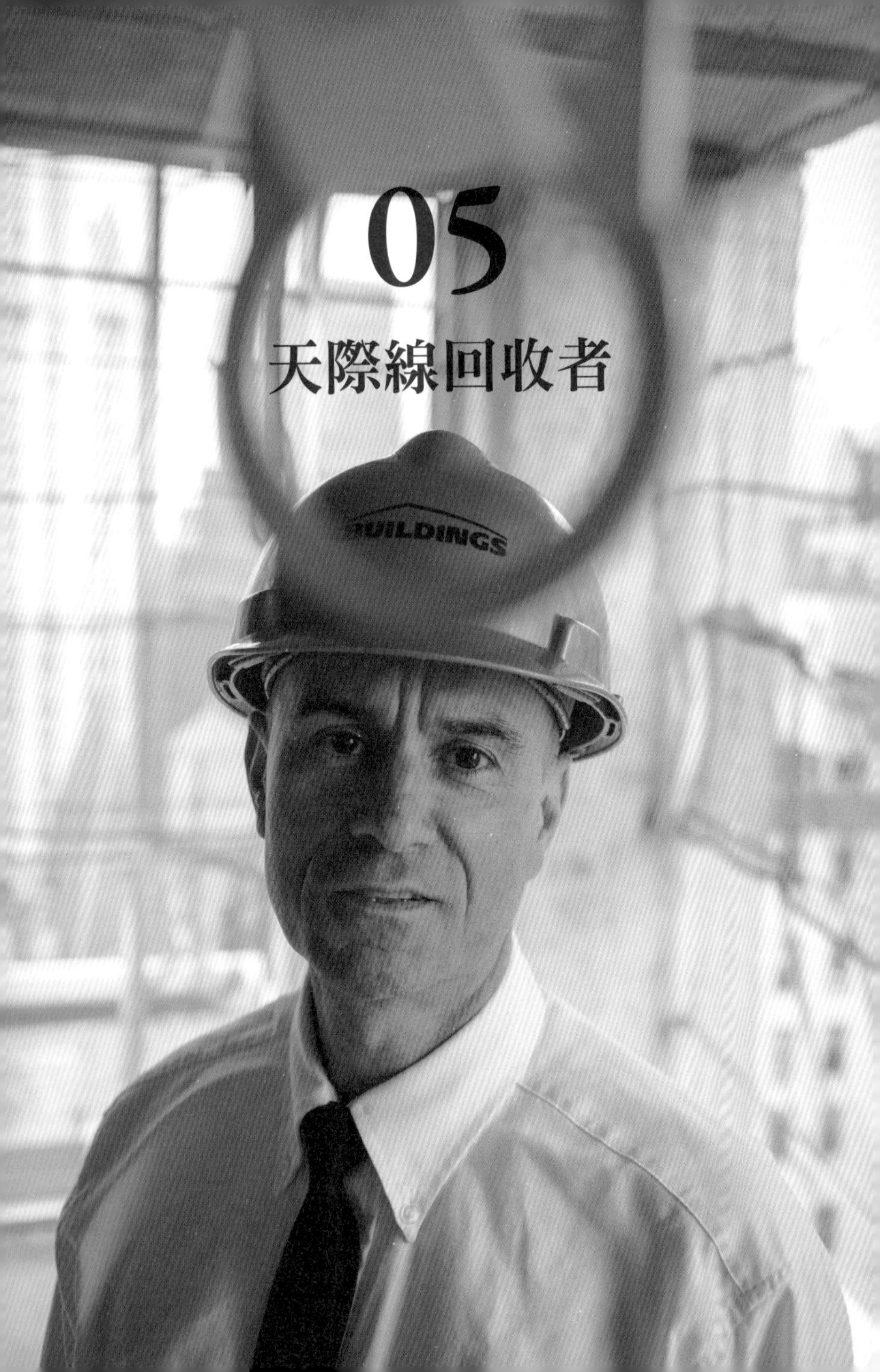

The skyline

一旦在某些章節談到了黑天鵝，人們就會聽見俄羅斯浪漫樂派作曲家柴可夫斯基（Tchaikovsky）的《天鵝湖》，想起劇中女主角奧黛特（Odette）的下場，又或者影星娜塔莉．波曼（Natalie Portman）在贏得奧斯卡最佳女主角的芭蕾驚悚片中那副神經衰弱的模樣。但在其他圈子裡，人們最不會去想到的就是跳舞，他們腦海中將取而代之充斥著飛機撞上美國雙子星大樓、海嘯猛烈襲擊日本的福島以及股市暴跌時螢幕上數字閃爍變動的畫面。這種聯想全要歸功於美籍黎巴嫩統計學家西姆．尼可拉斯．塔雷伯（Nassim Nicholas Taleb）影響甚鉅的作品，塔雷伯本身也是一位進行反向操作的投資人。他的「黑天鵝理論」（Black Swan theory）檢視了某一類無法預期且前所未有的極端衝擊，還有人類的理智是如何藉著捏造「這類事件是能透過以往的經驗解釋說明」，一種「人們長期以來，真的看過這類事件不斷重複上演」的荒謬故事，而向這類事件妥協讓步。塔雷伯主張，我們嚴重低估「我們一無所知的事」與「我們預測能力上的錯覺」兩者之間的關聯，在這種情況下，我們便難以察覺事件的不可測性（randomness）。的確，倘若我們深信塔雷伯所言甚是，那麼我們冒起險來可不如我們所想的那麼聰明、那麼睿智。

這世代的黑天鵝原型當然也就是九一一的恐怖攻擊事件。塔雷伯就像許多描寫風險的當代作家一樣，逕自撰寫這樣的主題，況且當下若沒馬上加入那些作家的行列，感覺似乎略顯無禮。九一一恐怖攻擊事件儼然成了回音室，室內盡是當今有關恐懼、不確定性、道德規範、死亡、力量與知識的思想，呈現出一種美國國防部長唐納・亨利・倫斯斐（Rumsfeldian）言辭中所受人津津樂道的形式：三個一組的「**知道我們知道**」（known knowns）、「**知道我們不知道**」（known unknowns）以及「**不知道我們不知道**」（unknown unknowns）。這變成了一種幻影，顯現出我們對於風險是多麼無知。

嚴防建築物裡的風險

然而，去見提摩太・林奇（Timothy D. Lynch）一面，則能激勵人們再次思考。此外，正因九一一就發生在林奇工事的現場，「不可測性」便是他特意想去克服的問題。提姆身為紐約市建築管理局鑑識工程處

（Forensic Engineering）處長，對於他口中「某種深富哲理的熱烈討論」，也就是談論什麼使得建物搭建順利而什麼使得建物不幸倒塌，這方面他可不花上太多時間。他說，他比較是「我們要做這個，那麼我們就怎麼做」的那種傢伙，從不多愁善感，這一點，他是透過想把事情作對的迫切欲望所鍛鍊出來的。從九一一恐怖攻擊事件發生後十四週以來，除了日間的工作外，提姆夜間還自願協助清理世貿中心（World Trade Center）周圍那片廣達十八英畝的破瓦殘礫。

「並不是人人都適合那裡，」他說，「我覺得那裡並不危險，只不過現場很髒。」

被人問及他這麼說是否意味著他很煩

惱，提姆說，「不。」

「正因為你無法對已故的人付出什麼，所以我對這類的工作很ＯＫ。」他順平其中一只手袖的皺折，「你知道的，工程的意外啦火災啦，我看得很多，我只不過是用另一種角度來看待這件事。這並不代表你冷血無情，這只是讓我保持清醒。」片刻之間，他從窗戶望過底下的曼哈頓，目光落到對面近日才落成的世界貿易中心一號大樓（World Trade Freedom Tower，又稱「自由塔」）。「我真正感興趣的，是那些滿腔熱情的人。」他微笑。

有關他所能做的、所不能控制的，提姆總是非常實際的看待，並且結合他近乎超人那般全年無休投身工作的喜好，這為提姆．林奇在紐約的生活中贏得了獨一無二的地位。實事求是的態度也成了他洞悉風險的特殊形式之核心所在。

提姆和他實力雄厚的三十五人團隊不但要第一時間回應任何襲擊這裡「居住建築環境」（built environment）的災禍（如二〇一四年曼哈頓哈林區的瓦斯爆炸，或二〇一二年侵襲美東的桑迪颶風），他們同時也負責都市建築的日常健康。那意味著確保在紐約市的五個行政區中，沒有任何建物會對其內部或下方街道（有著體溫脈搏）的人們帶來嚴重的風險。「我擁有紐約市中的每一棟建物，」提姆是這麼形容的，他這麼說可不誇張。一如政論節目中與眾人唇槍舌戰的時事評論員，他以相同的態度積極描述起他作品輯的內容。

「好了。即使你現在能夠馬上打包一百萬棟建築物，那麼我還擁有什麼？我還擁有木造的獨戶住屋（Single Family Home）、車庫、排屋（row houses）、十九世紀的歷史建物。這類房子到處都是，而我在腦袋瓜裡馬上就能想出三十萬種類似這樣的建物。」他敲了敲額頭。「所有要價低廉的公寓、十二萬棟六層樓高的建物，它們也全是我的。所以，現在我的腦袋瓜裡有五十萬棟建物，接著我還有一萬五千棟教堂，我們還有從教堂頂部脫落的十字架、教堂剝落的尖頂、每天從聖約翰教堂（St John the Divine）砸落的碎石。那麼地標建物呢？在我作品輯裡就有四萬件。高樓、公寓還有七層樓以上的大廈呢？我的作品輯裡也全部都有，共一萬三千五百件，其中工事意外、起重機操作不當、災禍、火災等等更是應有盡有。」他瞄了一眼黑莓手機，輕敲了敲，彷彿有什麼萬萬不能遺忘的事。然後他一下子跳了起來，說：「來吧，我帶你看看辦公室。」

用「精力充沛」來描述提姆・林奇還算是保守。身材碩長、肌肉發達外加身高五呎八的提姆，他各個方面，不論身心，似乎都像是拉緊發條，隨時等待以閃電般的速度採取行動，不見一絲匆忙。今天是放假的週六早晨，但他從早上七點就進辦公室了。他的制服熨燙妥貼、鞋子漆亮潔淨。他說起「是什麼讓這座城市運轉起來呢？是咖啡！我就是靠咖啡展開一天的生活」之類的話，你便能深信不疑。他顯然不喜久坐。他輕快地走過建築管理局會議室裡擦得光亮的地板，逕向鑑識工程處黑漆漆的走道快步而去。

走路時，他被問及「提姆，你是怎麼放鬆自己的？」他回答：「跑步。」

提姆用雙手推開雙擺門，帶著一陣微微猛烈移動的空氣抵達一間天花板低矮的大辦公室，裡頭擺滿一張張的辦公桌，桌上的日常文書堆得偌高，桌子與桌子之間並以加上護套、呈現出冷卻麥片粥那種顏色的電腦螢幕加以區隔。每個空出來的桌面，每個壁架，每個櫥櫃，甚至地面上的矮櫃裡，全都是一堆堆的日常文書。

「這裡就是機房，」他說，「我是希望這裡好看點，不過它就是這個樣子啦。我們會在這裡做很多事，全都是與管理風險有關。百分之百。」

他解釋起由於極端氣候、內建炫耀性結構的荒廢與絕大多數的租賃文化，導致這棟城市地標中最具圖像性的建物，同時也變得異常脆弱。其中，租賃文化通常意味著建物生病時，遠方的建物所有人並不會像自己就住在建物裡面那樣，妥善細心的照顧建物本身。

提姆用漆亮的鞋尖指向辦公桌下的一大塊磚石，那磚面被煙燻得焦黑，上面刻有天使的臉孔。

「很美吧？」他說起話來帶有美裔蘇格蘭人粗渾的口音，聲調略顯柔和。「過去東村（East Village）曾有棟建物發生大火，這就是那棟建物表面每十英尺所砌上的磚石。大火發生時，磚石全數崩落，所以我留了一塊。」

他默默朝磚石微笑著，接著又說，「因此，當你遇到這種無拘無束、從高約一百英尺的地方所落下的物事，它的確會對柔軟的人體帶來莫大的傷害。所以，我唯一的興趣就只在公共安全，那無關乎美學

或保存，也不是翼型螺帽（wing nuts）啦油漆啦居住啦等等的問題。那些都和我所做的事情無關。當我在辦公室裡接收到某棟建物有問題的訊息，那都是因為先前已經有人打過電話，或者已經抱怨過結構出了毛病，而物理結構的問題，就在於一旦結構開始走位，人們也就很難相信這棟建築不會移位。」

你開始有種感覺，就是建物若能傾聽人們的聲音，那麼他們就會聽從提姆・林奇的話。實際上，他會時時說起建築環境，彷彿那在某種方面是有知覺、有感情的，他還描述起崩塌的建物對於你所訂定出的期限或時段有多麼「滿不在乎」、建物是如何「引誘」讓你以為它很穩定、你若想瞭解建物就得在內心先把它給脫個精光（或像提姆所說的「從內褲裡仔細檢查」）、他過去是如何被在他身後解體崩塌的廉價公寓給「追著跑」，以及建物在瀕臨崩毀之際將會如何向你「尖叫」。如此熟悉危樓的樣貌，使得人人百分之百的信賴提姆與他的團隊得以評估衡量接下來會發生什麼事，以及更重要的：何時發生。

「我不時預想著會有事發生。你若是事後回應的那種人，」他說，聳了聳肩，「那麼你就玩完了。啥都甭談。」若你對建物倒塌當下會發生怎樣嚴重的後果仍舊心存懷疑，那麼提姆在談話中可是不時提及這裡有人傷亡、那裡有人身故，以及人們從沒打過電話給建管處或是電話打得太遲等等諸多可能發生的場景。

「看看我們手邊有多少報告，」提姆說，逕自走過辦公室，輕拍了拍數百堆文件中的一堆。「我們大概每四到五年處理兩萬份。」被問及工作中這方面是否略顯無趣，他斬釘截鐵的說，「完全不會。」

因為這裡並無官僚體系中積壓公文的問題。的確，這些由紙張堆積而成的資訊正是提摩太．林奇如何管理風險的關鍵。他在潛在或引伸出的緊急事故中所做出的所有決策——「全部。」他兩次說道，再次

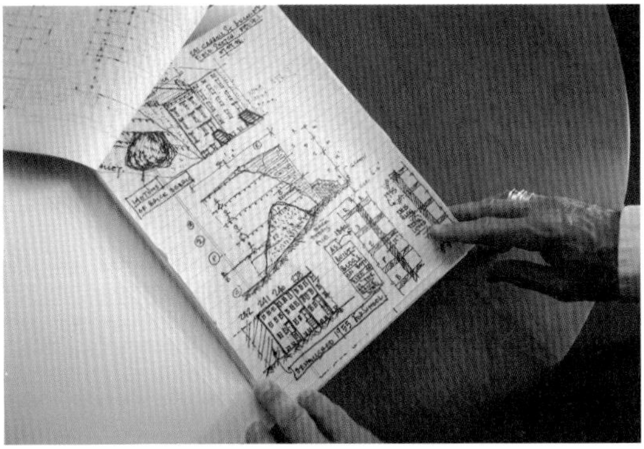

輕拍了拍報告——並非依據直覺或猜測，而是依據知識，而那種知識，正是透過細讀所有這些撰寫磚石砸落與灰泥剝落的報告所獲得的。

「這些東西你讀了太多，就看得出既有的模式。」他說，「而我所做的許多事，就是要找出既有的模式。三十年來，我擁有十二萬小時的經驗，因為我一年工作三千小時，而且從不『關機』，心裡日日夜夜都在思索此事。我有一整夜都夢見建築物，而且還不會讓我失眠。這也算不上是一種激情，這只不過是我的記憶罷了。所有事情我都記得一清二楚。」

他抽出了一份檔案，上面用線條劃起了雜七雜八、幾近崩塌的建物，那線劃得非常詳細，還相當漂亮。

「每當我從現場回來，我都會這麼做，很快的，」他說，「而且都是透過記憶劃出來的，從來就沒透過照片。這並不是說我能很厲害的回憶起每一件事，這只不過是一段記憶。我記得住形狀，接著回想起數十年前的細節。我很快就能看出模式。沒錯，追尋模式——」他停頓半晌，用手指沿著歪曲的屋頂輪廓線劃著。

重點在於那種知識、那些模式已經全與快如閃電的風險智慧相互結合，決策能力受到充分磨礪，以致人們將這種能力解讀為向類似塔雷伯這種『不可測性無法削減』的想法宣戰。如提姆所言，「這裡真正的敵人不是建物本身，而是時間。我們不斷的追著時間，也追著地心引力。」類似這樣的話只不過為占星家似的提姆又增添了幾分奧秘。有些同事甚至抱持恭敬之心，低聲說著提姆是怎麼擁有「第六感」，然而對於這番聯想，提姆只是揮了揮手，斥為無稽之談。

「哎呀，沒這回事，只不過我腦袋裡處理這類數據變得非常非常快而已啦。但我可不是透過猜測或者直覺，而是經過演算法的計算。我只是算得非常快。」

這麼說或許聽起來有些冷冰冰的，但這種知識與計算皆有其實務上的應用，因為除了提姆紙片般的體態外，正是它們才能讓提姆深入建物脆弱的結構，以致向他人證明此處危險至極。

提姆說，他僅僅計算建物的載重落於何處，就能謹慎的繞過危險。在某些地區，這也賦予了他英雄般的光環，眾人皆知他不只從危樓中

救出人們畢生的積蓄與心血，還有心臟病藥丸啦魚缸啦，甚至從一度快要坍塌的猶太教堂中救出了《妥拉律法》（Torah，猶太教的核心，一般常稱《摩西五經》）的古卷。

「我的工作危險嗎？」他一邊說、一邊看著手錶，同時從辦公桌上拿起一頂安全帽。「整個環境危險至極。但我甘願私下冒起這種風險嗎？不，你只需看著我。我身穿制服、日日擦亮皮鞋。我很保守。我不會去做讓我心跳加速、血脈賁張的事。」

他咧嘴一笑，有如林奇先生正準備針對「直覺下的勇氣vs.冷靜堅定的理性」這兩者的本質發表起長篇大論。此外，就在這時，「第二十九街」有一個緊急案件正好如火如荼的展開。電話是昨天深夜打進來的，緊急拆除的命令幾小時內就獲得批准，於是提姆半小時內就得趕去場勘。「走吧。」他說，接著按起電梯。

對抗風險的防禦工事

當提姆從百老匯的建管處開過曼哈頓、直往「第六大道」、橫跨「蘇活區」，又疾速掠過「西村」（West Village）及「熨斗區」（Flatiron District，紐約市街區之一，得名於其間的「熨斗大廈」〔Flatiron Building〕），他叨絮起他的工作，說起他的故事。像是有一回他失足跌下，穿透八尺高的樓層，直接落入地下室，還碰巧落在地下室的沙發上，人又回彈起來，同事之間剎時歡聲雷動；不然就是「桑迪颶風」發生時，他和另一位工程師走到超高層建物建造工地的頂樓，評估被時速八十英里的強風給吹倒的起重機，然後他倆是怎麼用繩子拴在一起才能防止他被吹走；還有他是怎麼進入危樓，指出他所謂的「牙」（dentals），也就是他們所曾站立的這些整齊街道上有著掉了牙般的縫隙等等……這類危樓的故事可說不勝枚舉。

正因為在這樣充滿希望與野心的城市裡，男人可以透過一次嶄新的開始就建立起自己的豐功偉業，所以提姆這種人所盛行的期間就變得日益短暫、極易敗落。對他的幽默與務實來說，一切人類努力中基本所具備的那份脆弱，僅僅接近於提姆世界的表層罷了，而真正的提姆世界，或許才在在說明了他某種鋼鐵般堅毅的人格。你若放任脆弱的侵蝕，它便足以令你頹廢喪志。

「我們處理很多這類病態的事，」他說，「但你若做出決定，人人就能向前邁進。」

知識與決策似乎就是提姆對抗風險的防禦工事，同時也是他處理危機的核心技能。對他來說，沒有所謂的黑天鵝。對，這世界或許充滿意外，但許多看似隨機無常的事，或許都能經由類似林奇先生這樣孜孜不倦的心態詳細列舉而出，又或者看似如此。根據他的哲學，這種隨機無常不但能夠脈絡化、加以理解，甚至得以預測。提姆一向習慣先問完問題，自己再果斷的回答問題，這顯然不僅是一種慣性的對話方式，它同時也顯示出一種內心深處所抱持的世界觀。

「我想，」他說，「**人人沒問對問題就想找出解答，進而對風險產生誤解**。」他把車停在雀兒喜區（Chelsea）整齊的街道上，下了車，並從後車廂拉出一雙安全靴。

「幹這份工你可能就會弄壞一雙鞋。」他說。

第二十九街擁有全世界早期最原始的房子，而在這些房子之間，坐落著一棟源自十九世紀、高四層樓的褐磚排屋。透過前門上已經破碎的鑲嵌玻璃，你看得出屋內已經全然荒廢。電線上掛著電燈開關，牆壁全黑並以厚板修補，一只髒掉的沙發靠墊和一袋水泥就這麼放在腐爛的樓梯底下，唯一能看出這棟建物先前模樣的，就只有結實牢固且雕刻雅致的木質欄杆。

提姆小心翼翼的踏進屋裡，「不，你待在這。」他說，然後消失在漆黑之中，過了半晌才又出現，結果竟是為了往一塊厚板緩緩移動——那厚板一路從碎裂的階梯側邊鋪至上面的樓層。他逕往某一方向走著，朝建物後方而去，往那個方向，你能在應是牆壁之處看見日光。最後，提姆現身屋前的台階，說：「這棟樓岌岌可危，樓層不見，牆壁坍塌，很多都沒了。兩側沒有東西把樓固定住，後方的牆也塌了。樓不穩，拆起來會很棘手。我們得先從高處把建物聚集起來才行。你由上而下，透過高空作業平台車（cherry pickers）一點一滴慢慢來。我呢，則從前面開始，因為我認為建物若是搖晃，會是向這個方向晃。」

他朝著後方的人行道輕彈了一下手指。「還有，我們今天就要開始動作。」

這棟建物的所有人就站在前門。

「起初，」他說，不像在特定對誰說話，「我們打算要重新整修，不過後來……」他沒把話說完。

提姆走過他身邊，說：「該行動了。這樓三天內就拆完了。」他接著補充說，「所以啦，就是這樣。」他脫下安全帽，回頭往車子走去。——RISK WISE

06

雷達上的安全距離

Up in the air

比起提摩太・林奇，雙眼發光的法國啟蒙時代思想家暨哲學家伏爾泰（Voltaire）喝咖啡甚至喝得更凶，他每天喝咖啡超過五十杯以上，這可以說令人瞠目結舌，同時，謠言盛傳《憨第德》（Candide），也就是他評斷風險世界中樂觀主義的鉅作，乃是在短暫瘋狂沈迷於咖啡飲品所寫成的。然而，就在五年後，他發表了《哲學辭典》（Dictionnaire philosophique），指出某種觀點，在紐約市難以逃過坍塌命運的高樓大廈之間引起龐大的迴響。「人非聖賢，孰能無過，且人人生而脆弱，」他寫道，「讓我們原諒彼此的愚蠢吧——這才是自然的第一法則。」

如今，概括來看，即便人們懇求包容——甚至是一個如此悲觀的包容——我們竟也很難挑出它的缺失，因為那正是伏爾泰在其文章脈絡中所秉持的主張。但你若願意，咱們就暫時把重點放在伏爾泰所提到的第二個弱點上吧，也就是「**過錯**」（error）。

在某些文章裡，「過錯」倒是挺能讓人接受。我們清楚人人都會犯錯。一如普拉斯馬德克垃圾遊戲場內的孩子那樣，我們正是這樣學習與成長的。再者，長大成人後，我們所犯的錯都在在證明了我們是人，不是機器，這同時也是身為人類的我們具有改變與創造能力的重要象徵。然而，在某些情況下，人們當下就是無法容忍犯錯，未來也一樣。的確，在某些情況下，搞砸事情的機率——即便機率甚低，難以察覺——甚至會被人們視為「**過失**」（aberration），亦即我們完全所不該去冒的那種險。

艾德里安．多藍（Adrian Dolan）就是這種世界裡的人。沒錯，他本人完全構不上是一則冒險故事，遑論是避免風險，況且對於創造出一個全世界最安全的風險環境（或是最具風險的安全環境）之一，這樣的風險避免與一般風險避免相較之下，可說差異極其細微，而且本身相當精細化、系統化。

★

倫敦的希斯洛機場不但是全英最繁忙的機場，也是全球最繁忙的雙線跑道機場，而「艾迪」——大家都這麼叫他——就在裡頭擔任「飛航管制員」（air traffic controller）。在這裡，每天平均有一千三百五十架飛機起降，遇到尖峰時段，每小時甚至平均可達到一百架飛機。在

飛航管制的條件中，這就有如在紐約愛樂樂團（New York Philharmonic）裡擔任第一小提琴手，或在「切爾西職業足球隊」中擔任前鋒，堪稱是一等一的工作。

艾迪就坐在高約八十七公尺的塔台底部一間風格既柔和又現代的會議室，裡面有著一扇塗上綠色廣告顏料的門與一張塗上藍色廣告顏料的桌子。他營造出一種容易親近、得以信賴的形象，非常銳利、鎮定，還有——你若敢這麼說——非常自我約束。他完全就是你想都別想會放假、搭飛機出差的人，他甘願就只這麼乖乖的待在陸地上。在到樓上輪值之前，他還有半小時可以跟大家聊聊，他小心翼翼的拔下黑色電子錶放在面前的桌子上。他從沒在其他單位服務過，也從沒到其他單位服務的念頭。他熱愛這份工作。從青少年時期，他就喜愛飛行，十五年前大學畢業後，他就到英國境內負責飛航管控的單位「國立空中交通管制署」（NATS，National Air Traffic Services）接受訓練，訓練結束後，又直接到希斯洛機場這種高流量、高複雜度的環境下服務。

隨著飛機有如祖母級的老太太在週日被帶去外面散步那樣，在平板玻璃窗外緩慢的往復航行，他解釋，並沒有怎樣明顯的職涯方向可以引領你成為一位飛航管制員。當然，檢查與訓練的過程都非常嚴格，每年三千人申請就會被刷到只剩二十人，但裡面什麼人都有。他說，他那一梯，有人曾在服務熱線中心上班，有人擁有資訊工程的一流學歷，而他自己則是主修地理，然後曾在「新堡」（Newcastle）機場擔任辦理登機手續的短期暑期工。「除了這項任務特定所需的天賦，」他說，「幾乎沒有東西能把我們大家串連起來。你不是做得來，就是做不來。端看你的腦袋如何。」

這份天賦的基本底線，似乎包括了絕佳的空間感、健全的團體合作、消化多重資訊來源的能力，以及艾迪所說「**在極短的時間內做出**

極佳的決策。」他說，「及時解決問題正是我最享受的。你沒有太多延伸的思緒，你就是做出決策，然後看著決策就在你眼皮底下發生、眼睜睜的看它呈現出來。」當一架波音七四七帶著隆隆聲響緩緩飛過，他停頓半晌，然後瞄了一眼窗外。「這很值回票價。」

艾迪這麼說，讓人覺得這聽起來並不容易，因為他同時也闡述了長達數月的理論研究、在三百六十度環繞的模擬訓練裝置中待上一百小時，以及更多不勝枚舉的「臨場」訓練——但人們不會把那種過程視作一種風險、危難。實際上恰好相反，這乃是人們設計用來證明誤差的系統。

「你不該隨便抓個人放到樓上的位

置，」他說，「把他暴露在某種已知的風險中，還預期他會在毫無客觀依據、茫然全無頭緒的情況下耍弄、處理這種風險。我們若只是不時禱告，那麼我們可是徹底做錯了。」他放聲大笑，不是因為這很好笑，而是因為——套句他的話——這很荒唐。

這裡並不流行個人即興演出，取而代之的是一種密集協同合作、相互警惕的模式。在其他場景下，這種模式或許會培養出一種爾虞我詐、惡劣齷齪的辦公室政治，但在這裡，它可是眾人如何應付風險的關鍵。這種同事之間持續不斷的評估正是訓練過程中的特色，而且這種評估不會有停止的一天。

「不管你是二十歲、來這裡的第一天呢，」艾迪說，「還是你是五十八歲、在這裡已經幹了四十年，大家都會彼此提醒注意。因此在你整個職業生涯中，每三個月你就要坐下來談談事情進行的如何、針對某種特定程序或者同事的表現你有怎樣的安全顧慮，然後我想你一旦通過了『為何人人老盯著我』的障礙——呃，他們之所以這麼做，是因為我們對飛航安全深深癡迷——那麼你就會瞭解實際情況就應該要像那樣，而且狀況也一直會像那樣，直到你值班的最後一天。」

在手續過程中，這種『安全定置』（safety fixation）的特質也已形式化、標準化。艾迪在他工作生涯中，花了很大一部份撰寫詳盡的手續過程，當然不是單靠他自己，而是靠一個至多三人的小組。咱們就把這視作結合了《但丁的地獄之旅》（Dante's Inferno）及年代久遠的會議中心吧：這是一種過程，在這種過程中，他們召喚所有的魔鬼、帶著恐懼與厭惡仔細端詳他們、有條不紊的為每個魔鬼所可能招致不幸的潛能逐一評分，最終再決定以一種客客氣氣、眾人合議的方式將其一一宰殺。

艾迪描述起來則像這樣：「在這有太多的安全管理委員會，有為了『這種』安全管理委員會所產生的『那種』安全管理委員會，那是因為我們對於辨識風險，還有絕對要根除系統中的所有風險而深深癡迷。」普遍說來，「癡迷」這字眼帶了點輕蔑、不健康、心神失常的意味，但在這裡不是。在飛航管控中，癡迷是好的。「因為，」艾迪接著說，「你能讓希斯洛機場在零風險下營運的唯一方法，就是機場一天只有一架航班。所以，你得冒起最初的風險，並將這風險降到幾乎沒有，那麼最後的結局才會是從這，」艾迪在他刺蝟的髮型上方揮了揮手，「一路到這。」他的手筆直落至藍色桌面下方。「如此一來，要是風險真的一路進行，成了一種單純的結果，那麼這樣的風險才會無關痛癢，完全不足以成為一種具有影響力的『事件』（event），否則飛航管制員也許就得再打通電話或者做點什麼才能補救了。」

現在，這並不是一部會想讓你嘗試進行「電梯行銷」（elevator pitch，意指在如同搭電梯的短暫時間內，把想表達的東西完整的向你的對象、客戶或者投資人說明完畢的一種行銷方式。）的電影，但這若不是你所追求的刺激娛樂，而是去波士頓開個會啦，或哪週去南法地中海沿岸的尼斯度個假啦那種舒適的航行，那麼這種程度的風險避免只稱得上是入門而已。沒錯，身為乘客的我們，正需要像艾迪這樣的人來做這樣的事，不只實際上如此，心理上也一樣。

因為我們無從跳脫一件事實，那就是機場盡是在生活其他方面都是多麼幹勁十足、出類拔萃且馴良溫順的人類靈魂，我們全都以迅速飛往遠方為名而暫時交出全部的自治權。我們有如動物，在一連串的安檢與一次次的紀錄下被趕進畜欄，對此逆來順受，並且因為難得有（絕佳的）機會花起一大筆錢去買鐵橇般大小的 Toblerone 牌瑞士三角牛奶巧克力而平靜下來，於是，隨著我們被送入空中、往目的地而去，我們就這麼被塞入一條條深不可測的高科技牙膏裡，等著他人餵食我們微波過的火腿捲還有廣受歡迎的小罐裝氣泡飲料。完全拒絕承擔起任何可能涉及的風險正是這段故事的重點。當你購買機票，你也買到了委請艾迪．多藍這類專家來管控風險智慧的這一部份。他們替我們思考，如此一來，我們就能閱讀機上雜誌，還能試圖阻隔踢起椅背的孩童。

「九一一」恐怖攻擊事件，還有最近馬航的MH三七〇航班，與其相同機型、運氣不佳的馬航MH十七航班的確都證實了黑天鵝理論。然而，即便把這些類似的悲劇納入考量，商業飛航仍算是相當安全，在與其他運輸形式——比如開車，這方面我們自己會做起更多臨時的風險管理——相較之下顯得更是如此。艾迪坦承「風險這要素一向存在，」因為總是會有「從沒看過」的事情發生，比如：有位機長在飛行計算機裡輸入了錯誤的資訊，在飛機起飛後左轉而非右轉，加上那天颳起強風，因此不是機長很難讓飛機保持在航道上，就是好像艾迪說起昨天才發生的事情那樣，「一隻V形大鵝就在塔台前方一會兒向前、一

會兒向後的飛啊飛。我們得讓事件靜止三、四分鐘。」

但在此岌岌可危的，並不是你是否安然無恙，而是大家所謂的「間隔」（separation），也就是兩架飛機之間垂直距離應相距一千英尺、水平距離應相距三千英里的標準。這也是讓飛航管制員一心一意、全神貫注的風險。回想起貝克與紀登斯對於全球風險社會的概念，這也就為「製造出的風險」（manufactured risk）提供了終極範例。「然後，」艾迪說，「這就是你畢生事業的依據。我們每天上班不是為了試圖避免飛機互撞。對我們來說，那可是好幾英里外的事，我們是要確保飛機不會停靠在標準的間距內。這就好像在每一架飛機周圍置放一頂圓形罩，然後你不希望任何一架飛機去碰進另外一架飛機的圓形罩。」

沒錯，這是罕見的大型野獸：**為使人們連想都想不到會犯錯，容忍犯錯的限度本身是如此具體、不可侵犯**。一名飛航管制員的轄區或許遠至高空，但他的世界裡還有其他微小珍貴的事物，那才是重點。

在實際條件下，這種對於減緩風險的癡迷，正是透過科技而產生革命性變革的一種過程。艾迪思索，「你若再進步個十五年，」許多他現在所做的決定，未來將會變成機器替他做。如今人們正在使用一種根據名為「**協同決策**」（Collaborative Decision Making）的演算法而建構而成的系統，這種演算法要求所有飛機以最安全、最迅速有效的方式強制飛機返回機場大門，同時計算其中所花費的時間。「烏托邦的夢想，」艾迪說，按下前方桌上他所想像出來的按鍵，「就是你只要按下『啟動鍵』，所有飛機就會照著計畫走。但我們還沒達到那種境界，因為其中涉及人類，不是乘客很晚才出現在登機門，就是快餐車故障，或者燃料沒法送上飛機，但那正是人人驅趕向前的目標，而且我們已然踏上這段旅程。儘管如此，要到達一個毫不涉及人類的地方，」他望出窗外，看著一個身穿 hi-vis 牌外套的男人正把工業用的台車開過機場的混凝土跑道。「我不認為這在我們這一行會有機會發生，我認為重點在於，身為一名乘客，你喜歡萬一有事出錯，人們就會表達意見的那種概念。」這是事實；我們得去感受，管理任何可能危及人類的事，乃是掌握在某個得以實際關懷此事的人手中。

這種一切都「太過私人」的人類責任，一旦與癡迷於風險逆轉的文化相互結合，便足以令你緊張萬分、招架不住。所以，一如艾迪所說，每位好的飛航管制員皆應具備最後「一招」（skill），也就是他口中「大幅大幅的切割」。他重述一遍：「大幅的切割。因為有人會問，手裡握有這些數以千計的人命是種什麼感覺？但我們從來就沒想過。」有一次，我和另外一名管制員從機場出去，某人問起你是做什麼的？他說，我進出口鋁條。我們所做的真的就是這樣。因為你若開始思考，噢，天啊，機上所有的孩子怎麼辦，那麼你有辦法有效率的操作嗎？我並不認為。所以你得把這事檔在門外。我們思考的方式，就是飛機是七四七型號，它即將飛往甘迺迪，目前位在希斯洛機場的康普頓（Compton）飛機跑道上，所以即將飛經那個點然後直接離開機場，它的最初飛行速度是兩百五十海里、飛行高度（flight level）是三百七十，我得把思緒轉換到這個特別的區塊。就這樣。飛機也只不過是一大片鋁合金罷了。」

這屬於較廣義過程中的一部份，這種過程裡，日復一日的歲月卸下了人類所帶來的一切變化，也褪去了與某種模糊中立、證明誤差的事物之間標準化的溝通。當艾迪和其他同事跟機長說話時，對話中沒有「噢，哈囉，你好嗎？飛紐約？呼，讚喔。那週末呢？」說到這裡，艾迪放聲大笑，「這樣怪怪的，」他說，仍咯咯笑著，「因為人們實際上會說，噢，我們正在跟德國漢莎航空（Lufthansa）說話，或者我們正發電報給法航（Air France），他們不會說我正在跟法航的機長說話。實際上，你是在跟飛機說話，然後飛機會回應你。這就像你正在跟反對人類搭機的機器說話。」

「它們在說，」艾迪微笑，從桌上拿起手錶，「誰比較適合搭機。」

「極可信賴機構」

有趣的是（或許也能說毫無意外），在與艾迪面訪的過程中，他從來就沒用起「意外」（accident）這個字眼。這並非因為這是某種禁忌，或者被人否定的行為，相反的，如我們所見，他之所以受雇來此，就是持續且密切的關注什麼地方可能出錯。但他之所以很少用到「意外」這字眼，或許是因為在他的世界裡，剛才意外發生的事已被降到最少，不可測性也已考量在內。實際上，「意外」這字眼本身是從拉丁文「accidere」衍生而來，意味著「發生」。這字眼突然出現在中世紀的英文裡，至今夾帶著機率的推斷，「發生的機率」，而且大約從一、兩百年前，這字眼似乎就已帶有一種不單是「機率」，甚至還有不幸這種負面的弦外之音。

無論如何，意外在所難免，不是嗎？八〇年代早期，美國賓州「薩士奎亞納河」（Susquehanna）中間的「三哩島」在發生核能電廠反應爐核心熔毀的事故後，名聲顯赫的美國社會學家查理斯．裴洛（Charles Perrow）試圖要找出事件為何發生、如何發生。他研究的重點不在於滑倒、旅行，或者日常生活中的車禍，而在於盤根錯節的科技體系下大規模、災害性的系統故障。這套後來所出現的理論，點出了類似三哩島的核電廠這種結構緊密、錯綜複雜的系統中所固有的缺失，還有系

統某一部分細小、難以察覺的故障——亦即細微的偏差——都可能招致其他一連串意料之外的故障，帶來莫大的災害。裴洛主張這不是反常，而是基本設計上的錯誤。他說，這「很正常」，甚至無可避免。

即便一般所謂的「**常態性意外論**」（Normal Accident Theory）具有極大的影響力，它卻信奉悲觀主義，係屬伏爾泰筆下有關缺陷與錯誤的論點所編織出的二十世紀高科技產物。所以，不久之前某人（顯然就是加大柏克萊分校的心理學家與政治科學家所組成秘密結社中的一份子）轉而指向玻璃杯裡不是一半空的，而是一半滿的（出自英文中的著名典故「Is the glass half empty or half full?」：樂觀者看到的是玻璃杯裡的半杯水，悲觀者看到的則是玻璃杯裡另一半沒裝水的部分。），這或許也是無可避免的。高風險的科技系統並非全都如此缺乏彈性吧，上述的心理學家與政治科學家強烈反駁，樂觀至極，還主張有些系統其實挺好的。他們會高喊，咱們就來仔細看看航空公司的安全記錄吧！不然就是看看那些飛航管制下數以千計每天可能發生、但卻沒有發生的恐怖災難吧。於是他們開始構思一套理論，說明這些所謂的「**極可信賴組織**」（High Reliability Organisations，HROs）是如何運作。就像希斯洛機場的飛航管控一樣，這些組織相當倚賴科技與繁複的過程，在這其中，萬一科技或者過程出錯，其衍生的風險極高，其實高到足以剔除任何透過試驗與錯誤而使系統更臻完美的選項。然而，它們得立即修正，得讓人信任。

最吸引人的，就是研究這些極可信賴組織間在組織特質方面有何相同之處。咱們把這視為一本風險導向、名為《極可信賴人士的七大習慣》（Seven Habits of Highly Reliable People，此處作者借喻了史蒂芬・柯維〔Stephen Covey〕所著《高效能人士的七個習慣》〔The 7 Habits of Highly Effective People〕的原文書名）的書吧！所有極可信賴組織中，他們的職員不但條件優異，也都持續接受訓練；他們會在一個不受到無關緊要的繁文縟節與官階職級所妨礙的工作環境中，進行定期、非責難式的績效考核；他們顯現出研究人員所說的「集體留意」（collective mindfulness），他們會「慢性擔憂」（worry chronically），擔憂什麼可能出錯，還會感受到一種來自個人與群體，為保事情不致出錯的那種責任感。簡言之，他們或許就是人們稱作「洞悉風險」（risk wise）的那群人，引人注目。

★

從地面穿過八十四米的鐵欄杆所圍起的中心，直接上達希斯洛機場管制塔的駕駛室，足以讓你耳朵轟轟作響，差點爆開。接著，你搭起漆上黃色廣告顏料的電梯，再爬上最後一階樓梯，直達艾迪與其他六名飛航管制員所工作的高科技航空金魚缸。工作的氛圍靜謐，一如

水族箱那樣平靜。你聽得見軟式足球鞋踩在地毯上的聲音、人們對著耳機式的微型麥克風低聲細語，還有彼此偶爾愉快交流的聲音。圓形地板周圍這裡一點、那裡一點，這些都是夏天時所用的大型黑色工業電扇，而環繞整個空間的玻璃就像外交使節車所使用的玻璃那樣，帶了點淡淡的色調。管制員穿著牛仔褲、T恤，有個女人穿著洋裝及開襟小外套，有一名較年長的男人穿著帶點時髦的運動上衣，另一名相對年輕較多的男人則穿著背後印有NYC的帽T。他們插起耳機，兩人一組的坐在深黑色的長形辦公桌，桌上密密麻麻覆蓋著螢幕、電話、一大片一大片發光的操作台，台上的地圖則把機場標示為灰色與黃色，還有一個個移動中的小標籤，標示著UA47、JAL43、BAW436或AA51，複製起實際正轟轟作響、準備降落在下方陽光普照、鋪有柏油碎石跑道的航班。有兩名飛航管制員在房間中央高起的講台上，一名跑向離境航班的南向跑道，另一名則跑向入境航班的北向跑道。其他人正在處理其他地面上約莫一百六十架的飛機，同時艾迪正在監督。

有一名身穿時髦格紋襯衫、才剛值完班的男人，他把簡單的方形小包甩到肩上，向此時坐著並以法國知名文具品牌BIC的黑筆頂端輕輕敲著虛擬簡易機場的艾迪說話，「今天你是不是該去修剪一下庭院的草？還是該到辦公室坐著上班才對？」艾迪笑著，低聲說「知道了啦」，目光依舊盯著下方的機場。

然後就在遠方的地平線，你可以看到在巴洛克的彩繪風格中不致顯得格格不入的雲景下，倫敦市中心帶著它心電圖狀的天際線，與北方的「溫莎古堡」呈現出一團污濁的灰色。從這個高度望去，機場就像一幅怪異的縮圖：綠色粗呢般幾何形狀的草地，鋪有柏油碎石的飛機跑道宛如胡亂塗上了鮮黃色規則線條的粉筆黑板，而那鮮黃色的線條，旨在替已經架設縱橫交錯的銀色通風管道的航廈，以及起重機之間劃出路線。向下望去，機背上微微的光澤使得飛機本身看似擁有觸覺感知。你感受到你或許想要挑起其中一架，然後就這麼從你面前飛過。身穿橙色 hi-vis 牌衣服的小小身影朝著一輛小型的藍色拖拉機開去，那拖拉機的後方拉著一輛載滿雜草的拖車。那人正要開往他下一個除草地。即便才下午一、兩點，空中朝機場逼近的飛機燈光宛如星星閃閃發光。

「明白我口中『切割』的重點了嗎？」艾迪轉過頭來，朝肩後的我這麼說。「這很像兒童玩具組對吧？」

你實在不得不同意他的說法。—— *RISK WISE*

07

重力法則

The law of gravity

「你知道嗎，人們偶爾會犯錯。」

「好，這麼說吧。二〇一一年八月，我劃破了我自己的臉。」

「像是什麼？」

「妳劃破了妳自己的臉？」

「那時我正和『夏綠蒂』在紐西蘭滑雪，然後頃刻之間，我做了一個錯誤的決定：我以為我能繞過那個溜著滑雪板的人。我覺得我沒辦法滑過她所滑的路徑，也沒辦法要她停下，所以我只是轉換方向。然後有條繩索——那可不是你會在正常滑雪勝地所看到的那種網狀滑雪板——結果我的臉就這麼撞上繩索。我左半邊的臉，遭到繩索劃破上顎，慘不忍睹，四處是血。夏綠蒂覺得是她的錯，以為我快死了，還找人來血淋淋的雪地裡找起我的牙齒。」

「妳的牙齒？」

「結果我的牙齒都在原處，它們只不過向前受到推擠，力道太大，以致變形，無法分辨，恐怖至極。總之，你現在已經看不出來了，因為顏面上顎手術實在太神奇了。」

凱莉．加勒格（Kelly Gallagher，二〇一四年冬季「帕奧」高山滑雪盲人組女子超級大曲道金牌得主，夏綠蒂・艾文思〔Charlotte Evans〕則是凱莉參賽時依比賽規定帶在身邊的視覺引導師。）微微一笑，她潔白平整又美麗的其中一顆牙齒表面露出了陰影，赤裸裸的暗示出她那次的遭遇。

少點思考、多點體驗

凱莉是專業的高山滑雪家，她遭到劃傷的臉龐只不過是運動傷害目錄中的一種。在繩索與血濺雪地的事件過後一年，她帶著瘀青的脊椎與嚴重的腦震盪被直昇機載離奧地利的山區。

「所以，那是很巨大的風險，」凱莉用起一種她在討論任何主題所會有的那種談話般、無憂無慮的方式說著——無論那種主題是愉快的夜遊、把你的上顎劃成兩半，還是因為這個緣故而在雪地上摔斷背脊的人，她都一一列舉出來。「有提姆（Tim）」、「安娜（Anna）」、「尚恩（Sean）」、「羅素（Russell）」。「所以，光我個人就知道有四個人人生不變。那就是風險。但你會透過實際滑雪得到一種內在的喜悅，

還有找到某種讓我開心的事，那麼我為何要因此就不再滑雪了呢？就是有這種我們「少點思考卻多點體驗」的事。在某種方面，那就是我們完整的座右銘。」

這不是那種飛航管制中人們會假裝聽不到的口號，但那並不代表它的構想拙劣、欠缺周延。相反的，「少點思考卻多點體驗」正是凱莉與風險關係的關鍵。

凱莉正坐在離她位於「唐郡班戈」（Bangor，County Down）的家不遠處，眺望著北愛爾蘭的「貝爾法斯特」及遠方的綠色山丘，而且一路喝著一壺花草茶、嚐著一堆小司康餅，在她的世界中，「極可信賴」，或者只是以往單純的「信賴」，這些在她世界中都是多麼的毫無可能。說起這點，凱莉是極具說服力的。你會發現，自己直到很久以後，都不會去質疑她時時迴異的邏輯，這一方面是因為她談話的速度與數量，另一方面是因為她蒼白的雙手塗上了牛血般鮮紅的指甲油，而說到激動處所舞動的十指足以翻攪面談時的氛圍，同時最主要的，還有因為你感受到一種堅不可摧的決心，撐起這所有的一切。凱莉願意聽從的少數人之一，就是她摯愛的父親，他是一位機師，死於二〇一二年。「他英明睿智，」她說，「我什麼事都會告訴他，確保他的同意。」但甚至是加勒格家的家長，對於個人風險這方面的議題卻也毫無進展。的確，父女關係的世界、航空運輸制度上的高度關注與專業滑雪手的生活，這都是無從切割的。

「過去，我和老爸在這方面談了很多，」她說，吞了一口司康餅，並替另一塊司康餅輕輕抹上果醬，「因為每架飛機都有一個註明限制規定的隨機信封，只要超過那些規定，你就知道會發生什麼事情：那架飛機即將失速、失控，水平旋轉，爾後墜機。所以，他老是對我說，他不懂我為何會參加某類的賽事，他的意思就像，你清楚自己可以做到這個程度，但你為何會進而把自己推往另一個程度？他會說，每次快要降落時，我都清楚明白那會是怎樣的降落」——凱莉向前彎腰，

Photo© Marcus Hartmann 2013/www.photohartmann.de

放低聲調，清楚明白她將要談起異端邪說——「然後我一向都很納悶，那會不會只是剛好走運？」她放聲大笑，「但相較起飛行，特別在滑雪這方面，你會一直、一直督促自己，毫不保留。滑雪時，你很可能隨時失控，因為你只要稍微鬆懈、控制不當，你就輸定了。」

然後，倘若有件你一定得要瞭解凱莉．加勒格的事，那就是她喜歡贏，而另一件值得指出的事，則是她所登記的身份是盲人。

凱莉與生俱來的基因狀況，稱之為「眼球皮膚白化症」（oculocutaneous albinism）」，這種疾病會影響雙眼、皮膚與毛髮黑色素的「生成」（melanin），而在凱莉的例子中，那意味著她擁有嚴重的視覺損害。她看得見，用她的話說，就是「看得不是很清楚。」「不像是東西很模糊，」她說，「而是看起來太亮了，無法辨認出來。」她說，要是她看著一個人，或是一個地方，凱莉就只能分辨出「一個個的色塊，基本上就只能這樣。」並非說她的世界黑暗一片，而是說那世界是刺眼的亮，無從抵擋。

這在滑雪波上所意味的，就是凱莉帶著一位**視覺引導師**——另一位滑雪手——一同滑雪，她就是夏綠蒂．艾文思，也就是凱莉劃破臉龐的那天，四處在雪地裡尋找牙齒的那個人，她過去也陪伴凱莉滑了四年的雪。夏綠蒂身穿亮橙色的圍裙，在前方滑著雪，接著凱莉就以每小時一百公里以上的速度，跟隨橙色的斑點滑下山丘。這聽起來實在再直接也不過了。速度、路線與間距全需隨著整體速度不斷的增加、增加再增加而無時無刻進行精確詳細的調整。再者，凱莉與夏綠蒂必須一同冒險，此次並不允許一般極端運動中的特色——即膽識過人的個人主義——有其存在空間，取而代之的，反而是一種複雜的關係，而這樣的複雜關係，就建立在互惠與劃分清楚的職責，高度誠實，持續不斷的磋商，抱負、信任、溝通等再磋商，還有不計其數的滑雪練習上。這一切都太過強烈，以致培養不出宛如友情那般平靜的事物，但凱莉說——她顯然也是這個意思——「你懂嗎？我真的很在乎夏綠蒂，我就把她當成姊妹一樣。」

你和凱莉．加勒格聊得越久，你就越是瞭解即便她雙眼全盲，她的滑雪生涯尚未實現，而在許多方面，她確實也是因為這點，滑雪生涯才會未獲實現。孩提時，她就讀一所位於班戈的普通小學，她描述起老師所用來處理解決她雙眼損害的方法，可不是她自己所會選擇的那種方法。

「我想外出跟其他孩子一起玩，此時，他們也進行起風險評估，然後決定，讓這個視覺受損、戴著大眼鏡的小女孩在遊戲場跑來跑去、被人撞倒可不是什麼好點子。所以，我就跟耳部感染或什麼的孩子們待在屋裡。於是我想，這真是爛透了，因為我不希望自己與眾不同。所以我想，要不是我視力很糟，或許我的個性裡也就不會具備某種特質。總是有我想做、而我就是得要找出個別方法去做的事。滑雪顯然也是一樣。」

當她在心態上認為人生是邊走邊看、且戰且走，滑雪本身幾乎是誤打誤撞的闖進了凱莉的世界裡。她只不過在一次家庭旅遊度假中嘗試過短短一天——當時她才十七歲——她就馬上迷上滑雪了。當她念起大學、主修數學，她放假時都和朋友待在滑雪坡，他們都會在她周圍組成一個菱形隊形，確保她的安全。而且她發現自己也滑得很快，非常快。提及這點，仍是讓她眉開眼笑。二〇〇七年，她向「英國殘障人士滑雪隊」（British Disabled Ski Team）接洽，隔年，他們帶她同行。二〇〇九年，她辭去公務員的職位，聘請了一位全職的視覺引導師，然後令大家驚訝的是——連她自己也是——二〇一〇年的英國殘障奧運隊居然接受了她倆的加入。凱莉說，這是種特別、「相當無憂無慮」的進展。「那就像，呃，就這樣吧，接著再看看怎樣。」這一路也有唱反調的人，他們說事情不該這樣、她不夠好啦、太老啦、太沒經驗等等的。「但對我來說，」她說，「這並沒動搖我想嘗試的初衷。或許這是一扇緊閉的門，但我決定要打開這扇門。」

他們只是不知道你願意投入什麼而已，不是嗎？

當我們提醒凱莉有關「特定冒險領域」的尺度，略為提及風險與價值的關係，對凱莉．加勒格來說，這正是風險所在，不論是腦震盪、

韌帶斷裂還是背脊碎裂，風險無所不在。在不惜賠上你的夢想、尊嚴，遭遇到冒這種險如此痛苦的尷尬局面，以及教導你自己「少點思考、多點體驗」的這些過程中，風險都在。

「我猜，你不會想被貼上笨蛋的標籤吧，」凱莉是這樣形容的。「人們也許認為我太蠢，真以為自己能勇奪二〇〇九年殘障奧運的冠軍。你知道嗎，若你評估一下勝算多少，你就會明白這想法可謂愚蠢至極。除非你真的清楚我願意做什麼，否則你絕對無法投下一個像樣的賭注。不過，」她朝毀謗他的人比了比手勢，「他們只是不知道你願意投入什麼而已，不是嗎？」

事實上，「**生理的風險**」還有「**名聲的風險**」，這兩組風險無從取得心理測量學中那種精簡規則的測量尺度，遂而在此交錯糾結。在她描述起自己從生理上的傷害復原時，特別是她在二〇一二年所曾遭受的劇烈腦震盪，凱莉可說是大大的呼應了桃樂絲．吉爾伯特所曾論及「生理上的挫敗，足以喚醒整個心智危殆的世界」的那種心態。「你失去信心，而信心正是我所真正努力掙扎的部分。到了那種程度，我才會說你真的冒了一個前所未有的大風險。你失去了對自己的信任，然後你開始思考，我不想受傷，而且，身為視覺受損的運動員，這對我們來說是非常真實的，我們永遠都要和坐輪椅的人競爭，所以你會想，我不想那樣傷害自己。但絕大部分的風險或恐懼並非如此，實際上，那只是一種對於失敗的恐懼。」

克服恐懼後所得到的代價，就是霎時之間，有如攀登峰頂那般興奮的心情，而不是待在山下那樣索然無味的感受。對凱莉來說，這無關乎腎上腺素的瞬時爆發——她說，那樣讓她想吐——同時也未必是速度本身，而是那種控制感、感到滑雪板在你腳下折彎，「讓一小塊木板有了生命，然後一路帶領你滑下坡道，這不是滑行，這是雕刻，這帶有生命。那種喜悅，才是你正在追求的感覺。」她說。被問及其中有多少成就是因為她的沉著鎮定，還有其中涉及多少技巧，她旋即回應，「我認為，這一切都是出於鎮定。技巧早就具備了。」

★

一八九五年五月，美國早期哲學家暨心理學家威廉．詹姆士（William James），也就是當時小說家亨利．詹姆斯（Henry James）的哥哥，他在自己所擔任教授的「哈佛大學基督教青年會」（Young Men's Christian Association of Harvard University）發表演說。這場演說的標題「人生是否值得一活？」下得十分聳動，或者有人若是包圍著那幾年學生生涯的憂慮及有關存在主義的小問題，那麼這標題可說是合宜適切。「是」，根據詹姆斯，他的答案很短，這樣的結論振奮人心，而他做出結論的方式，也同樣對於冒險提供了一種振奮人心的觀點。

詹姆斯早先有許多想法，都是著重在研究思想實質的功能，不在

於強調思想如何反應或扭曲事實，而在於它做些什麼。的確，一如詹姆斯所主張，思想的意義，就在於發揮它手邊工具般的效用，宛若它是一把靈魂的瑞士刀，可以用來解決「做什麼」還有「怎麼做」的問題。單就這個重要性，即證明在不確定的世界中——一種詹姆斯口中充滿著「**也許**」（maybes）的世界——支托人們奮力一跳、邁步向前或者冒險犯難的樂觀主義便顯得格外有用。

「除了碰上『也許』，」詹姆斯對聚集的友伴這麼說，「否則我們不是獲得勝利，不是做了一件忠心或勇敢的行為，不是突然慷慨解囊，也不是進行科學探索、實驗或研究課本。那樣也許沒錯。唯有透過一而再、再而三以身犯險，我們才能盡情活著、揮灑人生，而且通常在未經證明的結果下，我們得先秉持著充分的信念，唯有如此，才能讓結果成真……別恐懼人生，要相信人生值得一活，然後這份相信，就會協助你創造出這樣的事實。」

因此，詹姆斯連結起風險與我們所珍視的事物，並自然而然的得出一種結論：**能夠且確實願意冒險，這才是揮灑人生的基礎**。

★

自這兩個月凱莉・加勒格和夏綠蒂在二〇一四年俄羅斯索契（Sochi）所舉辦的冬季殘障奧運中為英國贏得第一面金牌，因而開始以運動名人的身份展開一連串的行程、現身全國各地以來，今天可是凱莉・加勒格第一次到健身房。該省不論是參加奧林匹克還是殘障奧林匹克的全職職業運動家，都要在這間「北愛爾蘭運動協會」（Sports Institute Northern Ireland）中鞭策自己健身。

凱莉沒有在歐洲滑雪的期間，她一般會接受全天候、一周五天的訓練，就像朝九晚五的工作那樣，如今，訓練的時候又開始了。「我已經吃了兩個月了，」她對訓練員說，「然後你知道嗎？我居然一點罪惡感也沒有。」她把獎牌帶來給大家看，那是一只由金與玻璃所做成的厚重圓盤，就和健身房裡的舉重器材一樣重。「女皇在凌晨就看到獎牌了，」她興致勃勃的說，「愛爾蘭的總統也是。」

當然，健身房外仍有許多人生中偏離常軌的狀況，並無法透過訓練或單純的人格力量加以順服。在舉辦索契冬季殘障奧運的一年半前，凱莉透過一種與菁英運動無關，卻與更全面、廣泛經歷有關的方式，學會了這個殘酷的教訓。

當她在二〇一二年於澳洲山頂遭到腦震盪後不久，凱莉返回北愛家中休養生息、靜待復元。她在家時，她才於兩年前成功戰勝眼癌的父親告訴她，他的癌症再度復發，只有一年可活，但如今只剩下短短的六周。對凱莉來說，這消息顯然教她悲不可抑。

「我很黏我爸，」她說，「我還寧願罹癌要死的是我。但我從沒看過一個人被醫生告知沒希望了卻仍如此努力，對於他曾經嘗試但完全失敗，我毫無遺憾。你知道那種風險與希望的概念，還有傾注所有一切的感覺嗎？對此我完全不再恐懼，因為我瞭解到，即便沒有希望，即便你所想的毫不管用，你還是會投入所擁有的一切，持續下去，因為，」她罕見的停頓了一會兒，「沒錯，不然你還能如何？」

凱莉引述，正是這種最殘酷的教訓驅策了她贏得索契冬季殘障奧運的金牌。她和夏綠蒂在第一天的滑降賽中進展不佳，成績表名列最後，於是她們幾乎整個下午都在哭。接下來那天則是另一場速度賽——「超大彎道」（Super-G），因此凱莉說，「我覺得狀況不會再糟了，所以我就像豁出去了那樣，心想我們還是可以充分利用、盡情發揮。因為你能夠想到所有不同的景況，而且結果總不外乎是我們預想狀況中的排列組合罷了。也或許人生太過短暫，或者太過漫長，長到你不得不冒險一試，因為機會有時稍縱即逝。所以，我們基本上下定決心，就這麼無所畏懼、一路的滑下去，結果就拿到金牌了。」

她停頓半晌，然後彷彿應證了威廉·詹姆士相信自我，與她自己「**少點思考、多點體驗**」的觀點，她說：「你看，我們就是應該拿到金牌。太棒了。」—— *RISK WISE*

08 精算可能的未來

Possible futures

在凱莉・加勒格參加貝爾法斯特健身房那天的幾周後，她獲頒二〇一四年英國女王壽辰榮譽名單（Queen's Birthday Honours List）中的「員佐勳章」（MBE，Member of the Order of the British Empire），同一天被授予爵士頭銜的還有學識卓越的統計學家大衛・史匹格哈特爾（David Spiegelhalter）。但這份榮譽並非來自冒險，而是來自瞭解風險。

不過，身為劍橋大學公眾風險認知學程的教授，大衛・史匹格哈特爾對於我們在本書中收錄他的內容表達疑慮。他很客氣的寫給作者一封電郵，納悶自己是否別去證明「非常愚鈍」還有「人們真正為自己的人生做出什麼」其實僅有一線之隔。如今，對某些人來說，這對生活在學術界的人也許是種負擔，但大衛・史匹格哈特爾可不單單空有腦袋，不切實際。其實，他寫了一整本書充分敘述自己對於統計方法論的貢獻，還有在更廣泛的世界中，這種方法論在傳達風險上的衍生。

公眾導向的統計學家

沒錯，人們或許可把史匹格哈特爾所有游移不定的信仰解讀成某種跡象，顯示出風險的概念，以及我們對於整理風險的迫切需要，是多麼廣泛的深入我們生活中的每個角落。有些人們所選擇的職業中，職涯高峰包括成為公開調查布里斯托（Bristol）孩童核心醜聞與哈羅德·希普曼（Harold Shipman，英國醫生，同時也是連續殺手魔，俗稱「死亡醫生」，據信他在一九七五到一九九七年間殺死了兩百多名病人，且多數受害者都是年長的病患。他在二〇〇四年在獄中上吊自殺。）連續謀殺案的首席統計學家；發展迄今已廣為宣傳、名為「WinBUGS」的統計軟體，截至最近十年，透過WinBUGS所產出的論文，其被人引用的次數，高居所有數學、統計學論文中第三；在各式各樣研究從隆乳安全到火山灰雲所有一切的專家顧問團體中擔任要職；噢，對，還有獲得大量的榮譽博士學位與學術勳章，擔任「英國皇家學會」（Royal Society）的會員，然後如今獲頒「官佐勳章」（OBE，Order of the British Empire）的爵位，雖然大衛·史匹格哈特爾放棄他「非常愚鈍」的論點、最終同意與我們一會，這仍舊像個謎團，教人費解。

此外，當他在一個下起毛毛細雨的早晨中，出現在他全都是書、擺有一大張寫滿方程式與圖形的黑板，還有一堆堆考卷與空咖啡杯的辦公室裡，他和「愚鈍」正好恰恰相反。宛如男學生那樣看起來精神飽滿、處處散發桀傲不馴的特質——他可是那種不會咒罵髒話或說起冷笑話的策略謀士——但有關他堅守工作崗位的承諾，還有他以獨特的方式簡要描述其所擔任的教授職銜，大衛・史匹格哈特爾足以一掃你的疑慮。這也就說明當被問及最驕傲的成就時，大衛・史匹格哈特爾——同時也是英國皇家學會會士、官佐勳章爵位獲贈者——提供了以下兩例：

「我真的很驕傲能夠成為公眾導向的統計學家，」他說，「因為過去他們都身著灰色套裝，坐在後排，默不吭聲，然後我不認為他們應該會是這樣的人。我把風險與統計視為真實人生中數學最困難、最難解的部分，然後我若是改變了人們討論數字與統計的環境，那麼我將會相當自豪。但你知不知道什麼才是我最驕傲的？那就是我上過充滿冒險的電視節目『勇敢向前衝』（Winter Wipeout）。」現場一片靜默。「你們沒看過我上過『勇敢向前衝』？來，我帶你們瞧瞧，因

為那可是真正的冒險。我可能讓自己像個白癡一樣，但那很管用，非常管用。」

緊接著是一陣哄堂大笑，後來的兩分鐘裡，大夥兒看起YouTube一遍又一遍的播放穿戴學士帽、學士袍的「風險教授」就這麼在佈滿障礙的路徑上遭到無情雪球的攻擊，並在結了冰的泳池表面旋轉起海綿的滑雪杖。

「那就是為什麼我喜歡變老，」他說，仍咯咯笑著，「即便我生理上變得越來越小心，但我在社會上變得更勇敢，是那種『冒險讓自己的名聲毀於一旦』的勇敢。當我獲頒榮譽頭銜啦什麼的，我想，太棒了，這又給了我機會去做更白癡的事。」

但大衛的公開檔案中有個值得人們認真看待，並且遠遠超過任何遊戲節目的重點。身為知名的部落客、向報章雜誌投稿好幾十篇、上電視記錄節目並參與數以百計的公眾演說，他把統計帶向更廣大的群眾，徹徹底底的傳達這項福音。這並不單單只是他個人對於晦澀難解的學科所抱持的熱忱，同時更是他內心對於教導人們如何解讀風險所秉持的一種強烈信念。

他主張，舉凡從健康、減肥到政治、性愛，所有明智的決定全都取決在風險，於此同時，為風險資訊把關的人更須沿著更負責任、更容易取得的報導方向前進。換言之，當我們談起風險都在談些什麼並不僅是風險本身的一部

份，同時也是我們在如何因應風險時相當重要的一環。

那正是因為我們與風險之間周而復始的動態關係，主要在於「我們該如何（理性的、聰明的）做出冒險的決定」與「我們（直覺上、情感上）該怎麼做」兩者之間配置不當。身為人類的我們面對不確定時，有一本偏見與謬論的型錄就會開始發揮作用。對了，這也包括教授在內，因為大衛曾熱心的指出並引述自己在搭機時也會緊張，或者他是如何隨著各地六十歲的老人擔憂起是否要服用史塔丁（Statin）藥物來降低膽固醇。

但大衛的核心要點很清楚：一旦我們被情緒沖昏了頭，透過使用數字，我們就能駕馭內心情感的流向，因為我們得以看穿我們並不確定，又或者無法確定（卻又深深掛懷）之事的那種深不可測。數字以機率的方式呈現，它提供一種救生筏，用以評斷未知的偏斜與擴增。在他的想法中，為了洞悉風險，瞭解、獲得某種程度的統計知識絕對是主要核心。對於找出你該冒什麼險、不該冒什麼險，還有為了保護自己免於「謊言，可惡謊言和統計」的多種濫用，這算是不可或缺。

「我真的認為，」大衛說，開闔了他的眼鏡，現在態度嚴肅得很，「要是你仔細思考數字，數字可以影響你的感受、你的情緒反應，我真的對這很感興趣。同時這也非常重要，因為我認為處理數字與大小的能力，這對身為社會中消息靈通的一員是至關重大的，不然人們會操縱你，不單只有政客，大家都會嘗試批判你的東西、銀行試圖賣你保險、慈善組織要你捐款，這些都是最糟的，還有報紙，他們會試著向你兜售想法。他們會說，噢，這真的很危險，或者，噢，你小小的腦袋瓜不用擔心這個。而且你得會評論。這是身為基礎公民的一部分，而那正是我的工作。」

但身為風險統計的「**消耗者**」，不論我們消息多麼靈通、瞭解多麼透徹、多能指出「乖離率」（Bias Ratio）或者多能從負面的架構發現正面之處，至今我們對於如何瞭解個人與統計數字的關係，諸如百分之一或千分之一，或許仍舊困惑不明。我們如何能夠調和數字固有的複雜性與我們個人強烈的獨一性？一如英國演員派屈克・麥古恩（Patrick McGoohan）在電影《密諜》（The Prisoner）中所高喊的名句：「我不是代號，我是自由之人！」（I am not a number! I am a free man!）那就是我們直覺的感受，那也慫恿我們在應該留意可靠的統計數值時卻轉而忽略了它們。

「這真的很難，」大衛語帶歉意的說，「我無法泰然自若的簡單回答，你要如何從這裡的一百個人走向『那對我有何意義』的層次，但我認為，還是有我個人行得通的方法，同時參與大眾的話題正好是我的人生抱負，而那，就是『可能的未來』（Possible Futures）的概念。」大衛轉過身去，開始在黑板上貝氏定理（Bayesia）的公式與圖形間畫起很多笑臉還有幾張哭臉，代表人們嚮往與不嚮往的未來場景。「重點是他們所發生的機率不全相同，」他一邊畫著、一邊繼續說著，「然後問題就在焦慮的人們受『糟透之事可能發生』所煩擾，」大衛用粉筆敲起其中一張哭臉，「所以，讓人們瞭解還有更多這樣的笑臉，來讓他們明白這件事情的重要性，這才是我們所要做的。一旦你度過這關，你就毋須去衡量孰重孰輕。而且，倘若真有一堆那樣的事，」他轉過身去，再次敲起哭臉，「那麼就別輕易嘗試，不然就是讓事情緩和下來。」

大衛轉過身來，微微一笑，他身後黑板上一小堆笑臉與哭臉形成了一種不確定性的疆界，就這麼把大衛的笑臉框在裡面。

「所以，這只是一種暗喻啦，」他說，「我的意思是，因為每個分子、原子隨時在變，所以『可能的未來』數量龐大，不可勝數，但對我來說，那正能讓你從一般民眾對於統計的概念與許多陳年舊事中走出來，而能讓你敘述起個人的未來，因為那才叫冒險。過往是比例與比率，未來則會是風險與判斷。」在那些粉筆所畫、同時既可愛又意義深長的臉龐中，我們突然能夠看見盧克萊修的突然轉向，尼采的冒險人生；貝克、紀登斯的冒險社會，特定冒險領域中衡量風險的尺度；塔雷伯的黑天鵝理論，極可信賴模型的反面觀點；甚至還有伏爾泰的作品《憨第德》中對於「千萬可能世界中最美好的地方」（the

best of all possible worlds）尖刻負面的懷疑論，以及威廉・詹姆士秉持崇高信念的奮力一躍。他們全都在大衛・史匹格哈特爾教授黑板上的笑臉與哭臉中。

★

這場以電視節目「勇敢向前衝」的會面，最終以暗沉的語調作結。被問及他最敬重哪一位冒險家——即便他們違反了笑臉與哭臉的邏輯——大衛・史匹格哈特爾說了一段話，開啟了一個超越僅有數字、全然嶄新的世界：

「我最景仰的，」他說，「就是『紅十字會』（Red Cross）與『國際醫療人道救援組織』（Médecins Sans Frontières）中，那些深入險境的人，因為他們所冒的險，來自他們工作中諸多的不同面向。生理方面，他們身處險境，而要把自己暴露在受苦的人們面前，那也是一種巨大的情緒風險。我不願意這麼做。我很高興我的孩子因為目睹現況、危及心智——會對本身精神狀態帶來風險——而不這麼做。你知道嗎，無論是陰鬱的還是歡樂的風險，重點就在於我們太過著重世俗的風險。」他朝後方黑板上的笑臉、哭臉打響了手指，「但這兩者風險之中還有更多。所以我覺得我很景仰那些人，因為他們得做，而且這不僅是冒險這麼簡單，不是嗎？」——*RISK WISE*

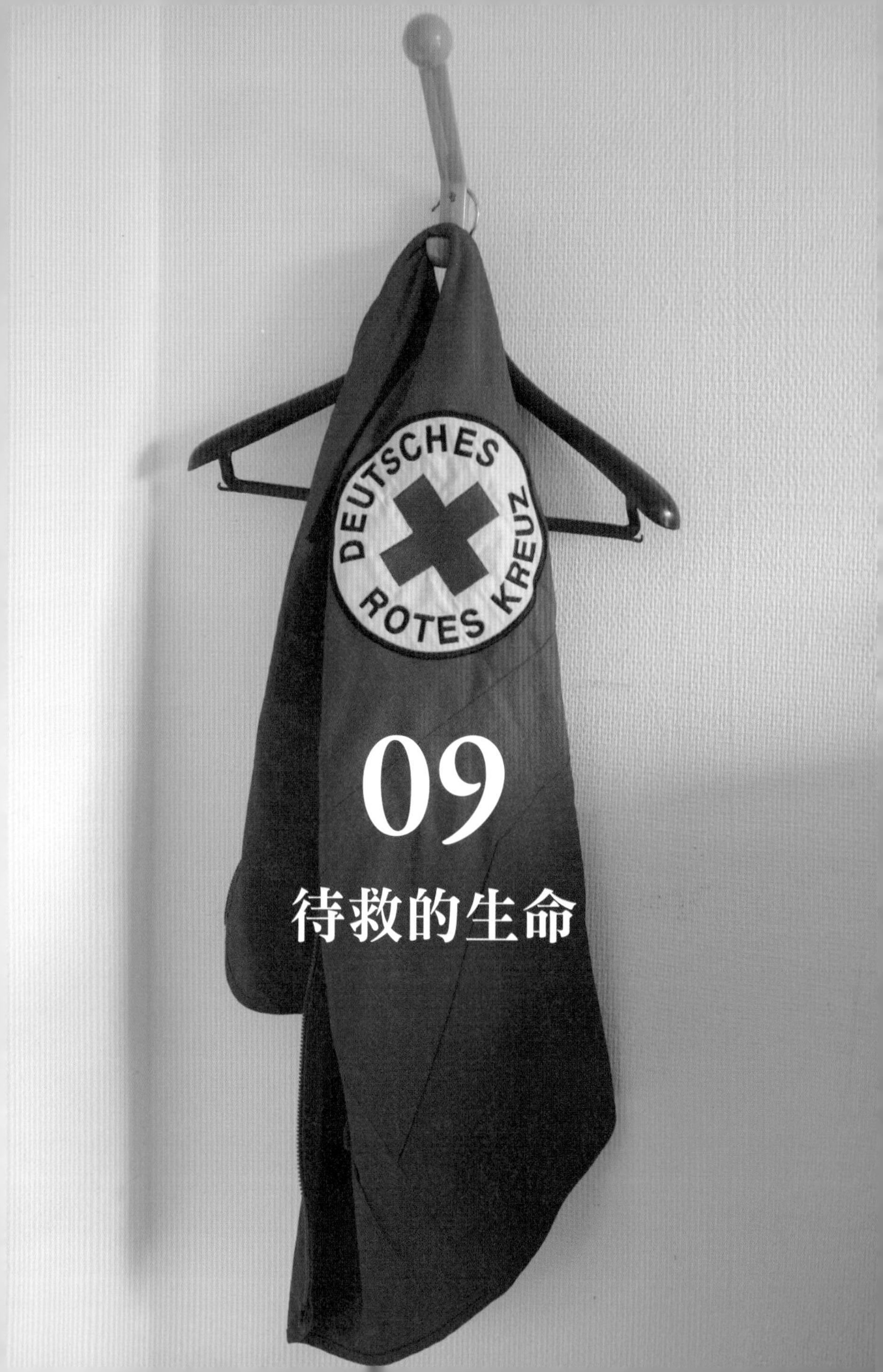

09

待救的生命

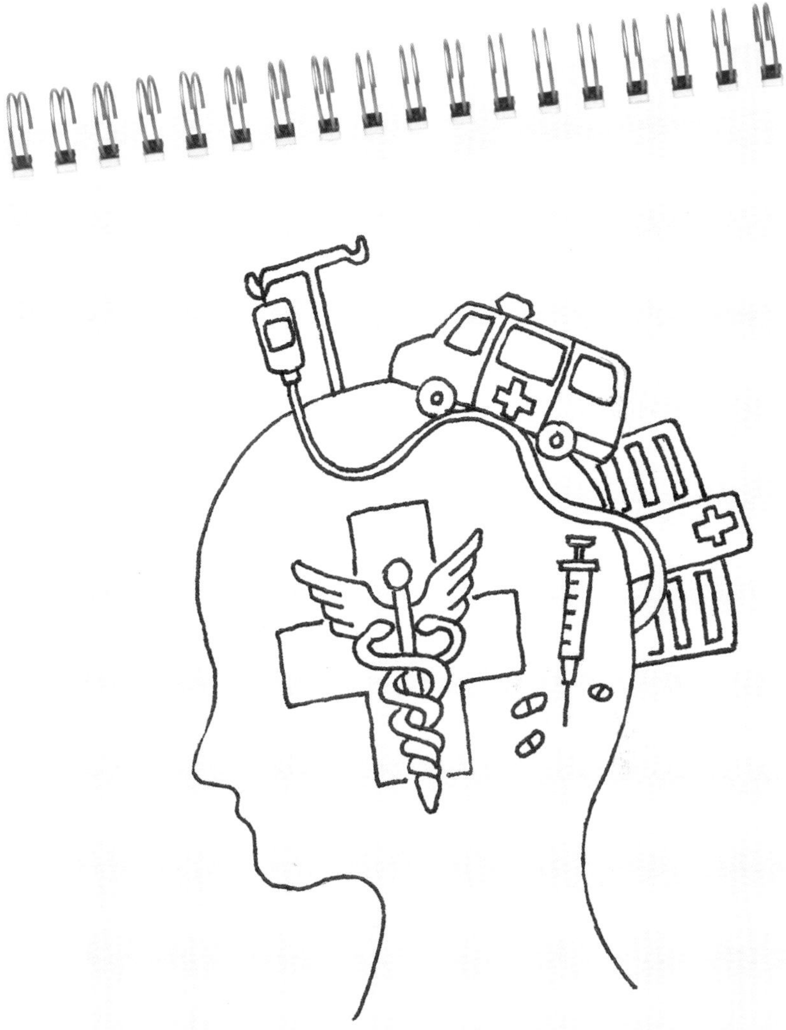

A life to save

遇見大衛・史匹格哈特爾可能會讓一個呼籲讓統計學發揮社論功能的人有點緊張，但祝我好運吧。根據「援助工作者安全資料庫」（Aid Worker Security Database），隨著風險俯拾皆是，近五年在阿富汗各地的人道救援工作卻是全球向來最危險的。

的確，二〇一〇至二〇一二年間，阿富汗記錄人道救援者所經歷的暴力事件總數，比如殺戮、綁架與嚴重傷害，是全世界其他地區的兩倍以上，而全球的整體數字也急遽攀升。此外，這些數字尚不包括非暴力威脅。相較於更有報導價值的暴力數據，這部分的數據相對薄弱，卻在人道救援團體之間被列為高度風險，劍橋大學風險課程的教授也都明顯點出一如車禍（救援工作中最先面臨的風險之一）、疾病或心理健康的議題。

這一切也就是說，在已然高度危險的工作中，要從事近幾年阿富汗人道救援的任務亦即——至少文字上看來如此——實現「風險」這字最原始的字源：「推論將會遭逢危險，不過少數人會主張，人們不值得冒這種險。」的確，在現代化的世界裡，這一點可說至關重要。我們需要人道救援系統，才能針對那些極易因風險受害、沒有我們協助就可能死去的人們履行同情憐憫的共同義務。但那不意味著人人都適合這種工作，尤其是在阿富汗中幾經戰火蹂躪的心臟地帶。

然而，對克里斯汀．舒許（Christian Schuh）來說，這可是十全十美的工作。來自德國維滕市（Witten）的克里斯汀是位小兒科護士，他任職於德國的紅十字會。從二〇一三年菲律賓的「海燕颱風」（Typhoon Haiyan）、二〇一〇年海地大地震後，以及二〇〇八年辛巴威爆發霍亂其間，他都一直從事國際人道救援的任務，並在二〇〇八至二〇〇九年間，於阿富汗第二大城坎大哈（Kandahar）中紅十字會所贊助的醫院裡擔任小兒科護士十四個月。但你若問克里斯汀，他是否透過冒險而成長茁壯，他將會盯著你看，一副「你瘋了」一樣。

「我啊，」他說，接著停頓半晌，為了找出怎麼說才對，「從來就沒讓自己和團隊陷入不必要的危險處境。」

「OK，但你生性謹慎對吧？」

「對。」

「一概如此嗎？」

「我並不衝動——若你是指這個的話，」他說，低頭看著雙手捧著

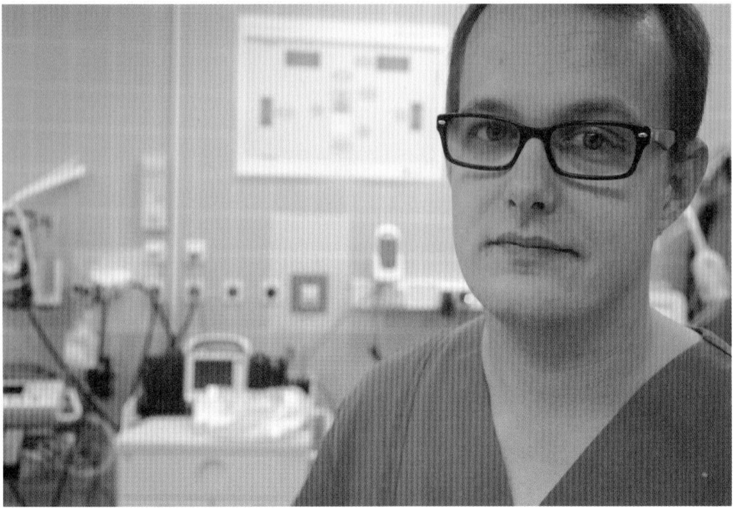

的黑咖啡，「你知道嗎？我從沒嘗試過高空彈跳，」他的臉上閃過一抹微笑，「我這人做事，有百分之八十，又或者百分之七十吧，是出於理智，所以我總會試著思考，我這麼做有什麼作用、有什麼副作用。毫無疑問，面臨風險時，就會有很難下決定的時候，然後你得討論、決定負面衝擊發生的機率有多少，正面結果的機率又可能會有多大，最後才能非常孤單的做出決策。但即使安全，也有兩種不同的安全：一種是百分之百的安全，另一種就是百分之九十五的安全。至於那百分之五，若人人都同意這事值得去做，那麼就相信他們生死有命之類的吧。」

「在你心裡，你都是這樣評估的嗎？」

「不，但我真的會跟自己協商，」克里斯汀說，「這險值不值得冒？然後我或許會決定，值得，但，」他捻捻手指，「不是出於衝動。我會仔細思考，退一步從一個比較高的位置去俯瞰整個狀況，考慮個十五、三十秒、一分鐘才做好計畫。沒錯，評估很快，但並不倉促。」

心理學大師丹尼爾・卡內曼（Daniel Kahneman）在其鉅作《快思慢想》（Thinking, Fast and Slow）中，將人類的心智分成兩種系統，且各具特性：系統一，或稱「**快思**」（Thinking Fast），即是根據衝動、直覺與情緒行事；系統二，則是倚賴反思、計算與選擇，而克里斯汀的行為，正是「**慢想**」（Thinking Slow）的最佳範例。作者在系統二中也許會合理主張，一如克里斯汀・舒許這樣洞悉風險的人道援助工作者，他需要特別調節這兩種系統，取得平衡，以求一方面權衡自己的憐憫之心——一種發自內心、想要行善的衝動——一方面又能在水深火熱、足以使多數人完全無法思考的狀況下，後退一步，深思慢想。

在任務與任務之間，克里斯汀都待在德國紅十字會位於明斯特（Münster）的當地辦公室，但是今天，他卻待在柏林的國家總部，為在美國華府所舉辦的「國際緊急應變小組」（Emergency Response Team）突發事件籌備會做準備。他就坐在一間異常空曠、現代風格的房間裡一張純樸的紅沙發和幾個空無一物的 Ikea 書架旁，面前的桌上擺著供人取用、裝有咖啡的熱水瓶。他談到緊急與死亡，貧窮與暴力，混亂與戰爭，過程中他的態度雖談不上冷漠無情，但也都非常謹慎從容，還帶點面無表情——你能瞭解為什麼。倘若你們的對話和《啟示錄》的四騎士（即瘟疫、戰爭、饑荒和死亡）如此類似，那麼也就沒有什麼熱情修飾的必要了。

至於「慢想」的能力，從克里斯汀這個如他所言，因為性情「相當鎮定」，所以以目前看來是「部分與生俱來」的例子來說，這不但是種技巧，也是他所學到的一件事。這對期盼自己更能妥善處理風險的人來說，應該顯然是種安慰。

「早在十五年前，我還在擔任護理人員時，」他說，啜飲了一口咖啡，「我就已經開始學習這點，而所有這些實務經驗的零碎片段，全都協助創造出這種……」他在想怎麼說才對，「處理這些事情的能力。」

德國的紅十字會旨在提供德國本地福利與緊急救援服務。克里斯汀十八歲就開始在那擔任志工，取代自己當時所應服的兵役。

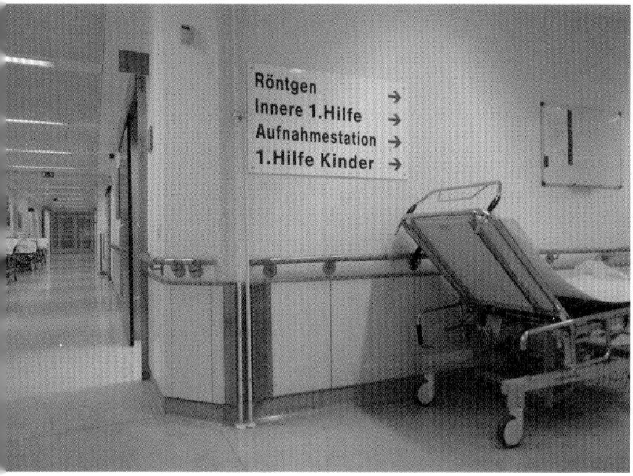

「我不想當兵，」他說，「因為我認為做點好事，要比手拿武器做起壞事好得多。我從小就這麼想。我的朋友老愛拿著塑膠槍玩起官兵抓強盜，而那些都是我不愛的遊戲。」

大學社科人文學系畢業後，一想到要去上朝九晚五的班就讓克里斯汀悶悶不樂，所以，他轉而接受全職的護理訓練，並轉至兒科護理服務。這樣的轉變透露出一種令人很感興趣的慣用手法。據他所說，這是因為「在兒科護理服務中，你總是害怕自己要負責照顧非常幼小的孩童或者情況並不樂觀的新生兒。當時我老是在想，希望這事不必由我來做。」透過克里斯汀如何回應焦慮與困難，我們不難看出，他已決定要學習如何處理這種狀況。「對我個人來說，在那種緊急突發事件的環境下，我必須感到自己更有把握，」他說。三年後，就在他二十四歲生日之前，他便開始在新生兒加護病房工作。

他一連串極佳的洞察力是從已發展國家中某個極端的醫院環境下所訓練出來的。他談到，要和這些脆弱到只有五、六百克的寶寶們相處，情緒與技術上都是如何猛烈；人們要如何凸顯正面的事與負面的事——快樂時刻叫人欣喜若狂，悲傷時刻卻又難以啟齒；你是如何變成所有病患「希望」與「恐懼」的導管；還有從事這一行那種心理上的復原力又是如何與「性情」及「練習」的搭配一併出現。

「你須得能夠保護自己，或者被人保護，」他說，用一根手指在桌面描繪，彷彿畫起一張圖表。「你總是得要自我省思，也得能夠分享、討論那些事情，而不只是帶回家裡，或者置若罔聞。所以，必要的話，你要花上幾分鐘、幾小時、幾天去退一步想，稍加休息，透過菸啊咖啡啦或者報紙來讓自己跳脫這個情境，又或者狀況真的很緊迫，那麼這樣的休息可以拉長，而且在你崩潰之前，週遭會有同事取代你。工作得要這麼進行才對，而且根據我的經驗，這樣通常很管用。」

看似並不協調，但這與飛航管制中所使用的「**極可信賴組織**」人員管理模式有很多相像之處。在克里斯汀的例子中，這徹底給他上了一堂管理心理風險的課，讓他在過於混亂、危殆而不得投以任何個人情緒的狀況下，深深得益。除了白天在醫院工作，克里斯汀早就開始上起各種「紅十字國際委員會」（International Committee of the Red Cross）的課程，如災害應變、水質淨化、急難衛生、安全訓練等。在辛巴威二〇〇八年爆發霍亂的同時，他也展開首次的急難調度。他說，那「很有趣」、「讓人激動」而且「與眾不同」，但他在二〇〇九年初返鄉三個月後所接到的一通電話，才真正分派給他一項改變人生的任務。

那一次，他有機會以小兒科護士的身份接受調度，前往阿富汗坎大哈城中，由紅十字國際委員會所贊助的「米爾威斯醫院」（Mirwais Hospital）加護病房中服務六個月，而不像普遍的災害應變僅為期短短六週。

「所以我想了想，」他說，「然後說，好啊，何樂不為呢？」

打了幾針疫苗、上了幾堂額外的安全訓練，克里斯汀發現幾週後自己就會身在南阿富汗烽火連年下戰火最是猛烈的熱點之一。他從沒到過戰區，如今他在這裡一會兒治療受傷的阿富汗警察，一會兒治療塔利班謀叛份子的女兒。在這種可能爆炸的情況下，克里斯汀很快就

Photo© Christian Schuh

學會那種紅桿交錯——他稱之為「保護標誌」——獨一無二、減緩風險的力量。他拉了拉椅背那件紅色的帆布背心，「你一直穿著這種背心，」他說，「車子、襯衫、鴨舌帽上也總印有這種紅十字。因為你不是戰火攻擊的目標。人人都想要紅十字或紅新月會（Red Crescent，穆斯林國家中相當於紅十字會的組織。）做這項工作，但身處戰區中央這種城市的核心，那是很危險的。」

紅十字國際委員會建立起在這種狀況下，人們該當如何才能確保安全的行為演練，如克里斯汀所說，這全都是準備「別在錯誤的時間身處錯誤的地方。」就實際面來看，這無關乎防彈衣、安全帽，而是要人別到處亂走，甚至是宅院與醫院間這五百公尺短短的路程也不例外。這段路並未設有購物中心或者市場，但卻飾有紅十字旗的花彩，在策略上，這麼規劃乃是赤裸裸的宣布，在這場衝突之中，紅十字國際委員會與戰爭雙方都有著密切規律的接觸，而演練只是讓你衡量如何才會安全。

「起初在那還挺恐怖的，」克里斯汀說，「你會聽到五公里外的爆炸聲，而且你知道，好，這意味著十五分鐘內，會有十名病患出現。但過了幾週，大爆炸、AK-47型卡拉希尼科夫機關槍（AK-47 Kalashnikov machine-gun）的槍聲每天都在真實上演，人們不再因而激動緊張。或許只有某些出乎意料的事情會如此，像兩、三百公尺外的爆炸或者炸彈爆炸後出現了三十名受傷的病患之類的。接著，沒錯，這種狀況壓力十足。我的同事會說，我表面上看似鎮定，即便我內心裡，」克里斯汀做起翻騰的手勢。「但我不能表現出來，而得宛如通過隧道那樣，一心一意的專注在醫療上。」

克里斯汀針對工作的心理敘述並不多，他低調、慎重且實際的描述如何在一如飽受戰火蹂躪的坎大哈那樣動盪不安的情況下平衡風險。當被問及最艱困的案例，他所訴說的故事內容充實、極有意義，故事中沒有爆炸，沒有砲火，沒有謀逆的脅迫，只有一扇看透戰爭現實、叫人肝腸寸斷的窗。

克里斯汀兩次為期六個月的調度中，有個約莫兩、三歲的小男孩常來米爾威斯醫院，那小男孩深受腦水腫所苦，但當地完全沒有機會，讓他尋求昂貴的腦室分流手術。在歐洲，腦室分流手術是處理這種案例的標準方法。但這名小男孩，我們叫他雅各布（Yacoub），他每四周就會來醫院接受觀察，並且進行一些症狀治療。克里斯汀是來到坎大哈的前幾天認識雅各布的，他說，他是「一個非常有禮、可愛和聰明的孩子，只是頭部非常、非常大。」然而有一天，在克里斯汀已經來到阿富汗大約五個月後，雅各布的家人帶他來看診之後就再也沒有出現了。

「他們丟下他，」克里斯汀說，「就這麼消失無影無蹤。」

現場陷入一陣漫長的靜默，然後他吸了口氣，說「所以就技術面來看，這很困難，因為我們已經有其他孩子需要照顧。這樣不但很耗費醫療資源，而且真的、真的很感傷。在戰區中，沒有照顧孩童的醫療體系。你只需要找到其他家庭負責照顧就好，但對這小男孩來說，沒人會想負責照顧他，所以我們只好把他留在醫院。」

克里斯汀在二〇一〇年三月底離開坎大哈時，雅各布人在醫院，而當克里斯汀在同年九月第二次調度到同樣地方時，雅各布還在那裡。

「他只不過是小兒科病房的一部份，後來他因為水腦在二〇一一年年中過世。但把孩子丟下，這……」克里斯汀只是穩穩的注視著，沒把句子說完。

Photo© ICRC/Kate Holt

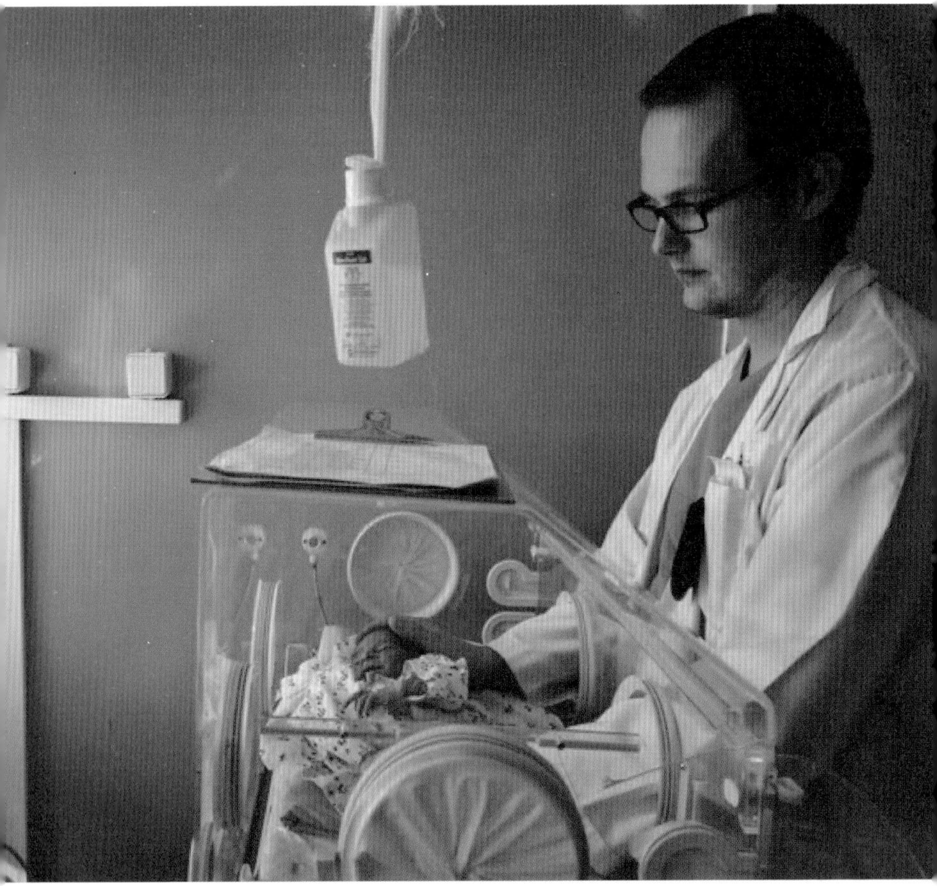

「就實務面來看，我是能夠稍稍理解，但……」克里斯汀再一次沒把句子說完，而且他們幾乎無法察覺他搖了搖頭。「這就是戰爭。」

後來他挪起身子，坐上色彩鮮豔的辦公椅，說「我們能不能休息三分鐘抽根菸？」

★

有人主張，當代的道德哲學並未因為真實世界下的風險問題顯得過度混亂，反而集中在產出有限且常為虛構的思想實驗，好設法瞭解道德上特定的兩難。在這兩難的世界裡，**一輛脫軌的電車可能會撞死一個人還是六個人**（此係英國哲學家弗特〔Philippa Foot〕於一九六四年所提出有關「道德兩難」的思想實驗，假設你駕駛一輛無法停下來的電車，並即將撞上前方軌道上的五個檢修工人，他們根本來不及逃跑，除非你改變軌道。但是，備用軌道上卻也有個人檢修工人，那麼，你是否會選擇犧牲這一個人而拯救另外五個人的性命？），又或者「**經驗機器**」（experience machines，美國哲學家諾齊克〔Robert Nozick〕

在《無政府、國家與烏托邦》〔Anarchy, State, and Utopia〕一書中的概念，假設有台可以帶給你任何想要經驗的機器，還有最出色的神經心理學家能夠刺激你的大腦，讓你覺得你正在寫作、交朋友或者閱讀一本有趣的書，而實際上你卻只是一直漂浮在一個附有電極並接著你大腦的容器內。你是否應當透過這一機器編製設定你要的人生，並加以體驗？）能夠提供我們——倘若我們如此選擇——一種全然歡愉、毫無痛苦的人生。

但事實上，我們全都過著一種充滿不確定性的人生，不確定性有高有低，而且風險何在並非整齊的排列在二元選擇裡，而是在我們與未來關係的結構中，亦即我們對於未來的恐懼與希望。一如偶遇本書先前所描述那些洞悉風險的人們，我們感受到危難，還有在面對危機時，我們不可思議顯得足智多謀，這些都是身為人類所固有的一部份。這是我們的自然狀態。人們已經透過各種方式，瞭解到他們不是要掌控風險，而是要與風險和平共處，而我們若能領略一二，那麼我們本身或許也能變得略悉風險。

因此，典型的道德思想在這或許比較管用。一如古羅馬哲學家塞內卡（Seneca）所寫，「真正的偉人不會被命運牽著鼻子走，而會與命運並駕齊驅。」或者一如古希臘哲學家亞里斯多德對於「eudaimonia」（即「幸福」或「蓬勃煥發」之意）的主張，「這需要外界的美好事物才能成立」。換言之，精彩的人生不只是與風險牽手共舞，其中有一部份，正好也是透過風險所創造出來的。

還有什麼能夠提供比起克里斯汀・舒許的故事更好的範例呢？五個月後，二〇一四年十一月，他同意加入西非的紅十字會，對抗伊波拉傳染病，這種傳染病可是經世界衛生組織宣告為「當代最嚴重的急性突發衛生事件」。

★

克里斯汀・舒許如今正駛過柏林，往機場外一處大倉庫而去，那裡正是所有德國紅十字會慈善組織的物流中心。他扣緊安全帶，倒完車，輕輕鬆鬆的滑過紅十字會總部附近綠葉繁茂的路上那一個個的減速路脊時，那輛安裝好衛星導航的廂型車還會嗶嗶作響。你不得不注

意到，一切感覺起來是如此平安。

倉庫裡面一切準備妥當、井然有序。在這裡，高及天花板的金屬物架上擺著帳棚架、毛毯捆、大型的黃色發電機和工業用扇，還有裝著手術器具和電動工具的鐵盒、標有「水質淨化」的木條箱、架在高聳細長三腳架上的大型氣球燈、表面有灰色波紋的塑膠衛浴和公共廁所、附有掛在毛繩並妥善固定的石碳酸皂的白色塑膠洗手槽。倉庫後方一路停了好幾十輛吉普車和皮卡卡車（pick-up truck），一些鉸接式的運料車還有若干救護車。克里斯汀說，對五、六個因應突發事件的單位來說，這裡的設備已經綽綽有餘。每個單位裡醫院佔地頗大，還有基本營區、水質淨化設備和較小的衛生照護診所。

這整個地方清楚描繪出人類與風險的某種關係。那種風險，在於做好最壞的準備，同時防範未然，另一方面則透露出人類洞悉風險後的面貌。克里斯汀早先在談到雅各布後不久就曾提到這點。

「在德國，」他說，「我們會用基本上取之不竭、用之不盡的資源去做對每個個體最有益的事，但在阿富汗，你則得決定做出對多數人最有益的事。在這，在歐洲，孩童死在醫院非常罕見，但在那裡，在那病房裡，每天都有垂死的孩童。學著接受這點很難，我花了好多個禮拜才辦到。但當你自己，還有當地職員、阿富汗的同事也都已經接受這點，那麼你就不只看到每天都有兩、三名垂死的病患，更重要的是，你還會看到你正在為一百四十七名病患做有益的事。如此一來，觀點也就不同了。我想，你得接受有些事情你並無法改變。」克里斯汀彎下腰去，把咖啡推到一旁，彷彿要替他的中心要點騰出空間。「而我試著專注在得以改變的事、得以做到的好事。因為那才是你能建構出來的。就是啊，何樂不為呢？」

結語
什麼能讓我們洞悉風險?

／艾倫・狄波頓（Alain de Botton）

本書旨在討論人們是因為什麼而變得有點太過小心，亦即我們嘗試在「衝動魯莽」與「害羞膽怯」之間找出中庸之道。

這是屬於我們這時代的書，因為如今我們正在遺忘洞悉風險每每必須在人類進步中所扮演的角色，這是前所未有的。而弔詭的是，正因為我們把現代世界變得如此安全，就技術面而言如此可以預料，相較之下如此富裕，以致我們冒險的肌肉因未獲充分運用而變得虛弱，於是瀕臨墮落的危機，瀕臨忘卻需要什麼才能保存現有優勢的危機，還有瀕臨遠離真實機會的危機。沉溺於平安與否的時代已經造成了一種集體的新危機：把「安不安全」置於所有美德之上所導致的「硬化症」（sclerosis）。

本書就是「安聯環球投資」（Allianz Global Investors）與「人生學校」（The School of Life）之間創意合作的結果。人生學校邀請作家暨製片波莉．莫蘭作為他們的駐點作家、實地走訪，但那並非是作家住在特定地點的駐點，而是作家處於特定理念或概念的駐點。

波莉．莫蘭走訪期間，她探索一個特定的問題：**在一個無法避免風險的世界中，人們可能如何明智的擁抱風險呢？**

人類是社群動物，當我們思考哪種程度的風險可能是「正常」而且可接受的，我們環顧周遭，然後找出建議。那就是本書的好處之一。莫蘭並未描繪出一般可能的嫌疑犯。其中沒有勇敢跳下尼加拉瓜大瀑布的人、泳渡英吉利海峽的人、太空探索家或者毫無上限的創業家。這類無畏死亡的知名人士所冒險的規模，不但令其他人有所退縮，還醞釀出一種毫無根據的感受，也就是這種選擇只介於「如履薄冰」與「看起來顯然就是輕率魯莽」之間。但事實並非如此；真實世界充滿了極為普遍的人們，他們冒過對這世界來說看起來像是極微小的風險，但對這些人來說，實際上卻堪稱是邁向自我演化旅程的一大步。或許他們正讓自己的孩子以有點鬆懈的方式遊戲（第一章），也許他們正住在這世上有點危險的地方（第二章），也或許他們工作所伴隨而來的責任相對較一般平均的責任要重（第五章）。

莫蘭引用尼采的建議，指出我們學著「在維蘇威火山的斜坡上建立我們的家園吧！」他首先發現，十九世紀歐洲的中產階級對於冒險的態度有顯著下滑的趨勢，他為此心煩，因為他自己正是透過那些古希臘羅馬人——那些將人性提升至千年以來無人能及的層次之模範人士

──才獲得個人的啟發。在尼采生氣勃勃、夸夸其談且教人振奮的散文中，風險與回報的概念略述如下：

> 檢視最優秀、碩果最豐盛的人們與民族的人生，並且捫心自問，一株洋洋得意、自詡應該長到傲人高度的綠樹，它是否得以擺脫惡劣的天氣還有暴風雨；不幸與外在阻力是否……係屬「有利條件」（favourable conditions），而若沒了這些條件，任何偉大的成長也就……幾乎毫無可能。要是開心與悲傷是如此緊緊相繫，以致無論是誰想要盡可能的擁有開心，那麼他也就得盡可能的擁有悲傷（反之亦然）……你有所選擇：不是盡量少點悲傷（簡言之，就是毫無痛苦）……就是盡量多點悲傷，作為人類鮮少體驗的「小幸福」大幅成長的代價。若你決定選擇前者，想要減少並降低人類痛苦的程度，那麼你也就得減少並降低他們能夠開心的程度。

沒錯，最能實現個人抱負的人類方案，似乎並無法和危險與折磨的程度切割，而且說來詭異，我們最大喜悅的根源也與我們最艱鉅挑戰的來源密不可分。我們必須奮力矯正一種信念，一種自認「事情非得這樣，否則死路一條」的有害信念，因為這可能會導致我們貿然從挑戰中退縮，而我們若是老早準備好經歷幾乎每件珍貴事物中全都合理具備的磨難，那麼我們或許就能克服那種挑戰。

我們活得不夠盡興、也很少盡情冒險

什麼能讓我們洞悉風險？這也就是本書的從屬主題，但這值得我們直截了當予以闡述。答案就是：我們終將死去的念頭。唯有藉著提醒自己，終極的風險已然寫進了生命的合同，我們才能不再如此珍視自我的安危、才能從一種毫無助益的感受中鬆脫，在這種感受中，我們以為只有透過默想風險無所不在，才能對自我存在感到心安。沒錯，「遺憾」，一種我們沒有冒夠險的最終感受，這才是唯一真正的危險。

倘若我們當中有更多人到訪老人家中，問起某個「你對自己沒嘗試過什麼感到遺憾嗎？」的簡單問題，這麼做有所幫助。老人們的回答是會嚇壞我們，確實足以把我們嚇到採取行動，因為事後看來，他們的回答只不過要比沒寫過小說、沒親吻過誰、沒創辦公司再可怕一點。因此，從這觀點來看，我們在就讀商學院、參加公司員工旅遊時，被要求想像自己臨終前的場景、喪禮或者著重在什麼事情上所經常排練的那些視覺化練習，也就真的至關重要。取悅熟人還有顧全大局真有這麼重要嗎？為何人們缺乏追隨直覺的勇氣？

中古時期，拉丁文稱之為「Memento mori」（意謂「記住（你將會）死亡」）的骷髏頭是商人家裡正常會有的內部裝飾，他們還會把它擺上書桌。這不是要提醒你一切都毫無意義，而是要讓你回想起什麼才是你真實的優先順序。栩栩如生、提醒人們終將死去的物事會讓我們質疑對於自我安危乏善可陳的迷戀。在有限的壽命下，某些人們所關切真正不重要的事才會凸顯出來，同時我們自我陶醉、膚淺愚蠢的天性也才會向我們更加真摯懇切、意義深長的那端屈服。

倘若人生顯然就像它清楚看起來的那樣脆弱，倘若我們真的無法保證還有幾十年可活，那麼我們就不會想要成為花上一整個下午跟心愛的人吵架、只是一點小錯卻拒絕原諒朋友，或者同意下放不合適的閒職而忽略了實質天分的那種人。一想到我們生命的盡頭，這便擁有重新排序我們優先順序的力量，回歸到我們更珍貴部分的表層。在日常的柴米油鹽醬醋茶下，這些部分都會趨向藏匿躲避。證明在那真有什麼會令人恐懼，得以教人嚇一大跳，嚇到帶領我們的人生進到生存的核心——那種我們理應如此的核心。

德國哲學家馬丁・海德格（Martin Heidegger）比起他人更瞭解這點，因此能夠幫助我們面對有關風險的恐懼。他提出，因為我們自己活得不夠盡興、不夠精彩，所以也很少盡情的冒險。我們屈從於一種海德格稱之為做「**他們自己**」（they-self），與「**我們自己**」（our-selves）反義）」的社會化、潔淨化、表面化模式。我們跟隨他人「閒扯」（The Chatter，德文「das Gerede」），也就是我們在報紙上、電視上與海德格所痛恨待在那裡的大城市中所會聽聞的事物。

即將協助我們抽離「他們自己」的事，正好讓我們妥善的專注在自我未來的死亡。唯有當我們瞭解到他人無法拯救我們免於死去——海德格稱之為「無」（das Nichts）——我們才有可能停止為他們而活、停止過於擔憂他人怎麼想，並且終止放棄我們人生與精力中最多、最好的部分，只為了讓打從一開始就不曾真正喜歡我們的人印象深刻。

即便讓人不甚舒服，但「憂心（Angst，或稱「畏」）」起「無」（The Nothing），的確能夠拯救我們：瞭解到我們「向死存有」（Sein zum Tode）或者「邁向死亡的存有」（Being-toward-death）正是一條通往更多真實人生的道路。海德格在一九六一年演講時，曾被問及他可能如何重建真實性，並且活得更加充實時，他簡潔的回答說，我們應該只要打算在「棺材裡」多花點時間就行了。

冒險愈來愈少，相信的目標也愈來愈少：

莫蘭書中最驚人的發現之一，就在於人們對風險的愛好最終取決於：**他們有多麼熱切的相信某件比自己還要重要的事**。偉大的冒險家之所以冒險，是因為他們體驗人生、擁有熱切關心的目標，勝過於他們關心傳統上安全（長壽、錢財、舒適）的好處。從這觀點來看，年輕的作家為了人文藝術而以自身安危做為賭注，這不單只是「英勇」——他甚至從來不曾有過這種念頭——而是他只不過愛極了文字這行業，而任其支配他的選擇罷了。同樣的，某個廚師為了開餐廳拿起房子做二次抵押，她不是對於理論上安全的好處視而不見，而是她只不過比較喜愛烹飪這行罷了。還有介入拯救孩子的父母，他們之所以這麼做，並不是因為他們自己想死，而是因為他們想要其他（年幼的）人經歷更多、活得更加精彩。

這引發出一種令人困窘的新思維：人們察覺到冒險越來越少，或許是在於我們感到能夠誠摯相信的目標總數越來越少。我們不再想要為了宗教或者國家犧牲自我。我們感受到為了「後代子孫」什麼都去冒險——或許根本就沒回事兒——所帶來的危機。但那不會是全部的故事；其中一定留有哲學家所說的「**先驗目標**」（transcendental goal），也就是比個體更加重要的事物。當然，安全無虞教人愉悅，但最終有著許多比安全無虞，有時甚至比自我人生還要更棒的事，諸如孩子、家庭、職業還有群體的福祉。當一個人發掘到一份真正的職業，那麼他也就發覺，痛苦有多麼無關緊要。那也就是可能的自我犧牲，變得似乎不再那麼苦惱的時刻。最後，本書所要表達的訊息就是：當一個人發現他真正的信仰，那麼為此冒上許許多多的風險，也就不再是種風險。這就是一個人所必須做的。

倘若人人過去並不如此恐懼，那麼，如今他們對於自己會做些什麼也就擁有不同的畫面，這或許是離開自己的男女朋友、向朋友邀約、創辦新的企業，或者在一項科學發展賭上自己的資本。問題的答案向來都是獨一無二，但恐懼卻也總是無所不在。如海德格所知，我們不該在自己舒舒服服的家裡思考接下來要做什麼，也不該在自己的舒適圈裡衡量風險。我們應該以「**到了生命盡頭回顧起自我人生**」的角度，來看待自己的人生。從這觀點出發，一切似乎也就清楚得多——風險的好處更為顯著，而我們也比較容易在心中找到抱負與無私勇氣的所在。

後記

一名投資經理人為何應該支持一本有關風險的書，特別是一本不是觀察金融業，而是觀察日常生活中風險的書？

處理風險——根據客戶的需求經營、管理它——正是一名投資經理人行為的核心。就風險本身而言，它既不壞，也不好；但它是一種或然率的表達，一種無論好壞、特定結果的可能性。就定義來說，專業投資者每天都在資本市場冒險——或買或賣，又或者——沒錯——持有保存。成功的投資經理人可是成功的冒險家，維持著做出好決策的紀錄。

當然，風險並不侷限於財經界；一個毫無風險的社會或經濟個體讓人無法想像。無論有意識的還是下意識的，人人就是每天都會面臨風險。然而，人們每天使用「風險」這字眼時，它就已經充滿了負面的弦外之音。的確，當我們說到風險，它就會變化出焦慮、危險，甚至恐懼的概念。完全避開風險成了一種習慣，這足以破壞好的決策、敗壞組織與社會的道德觀、個體行為甚至更廣泛的公共論述。

風險研究淵源已久。有關人類如何對抗風險與不確定性，從社會學、心理學一路到「行為財務學」（Behavioral Finance）等學科全都已有重要見解。只是，我們有時可能覺得，單純的理論方法距離我們普遍的日常經驗有些遙不可及。

安聯環球投資與人生學校合作，想要探索什麼可能協助我們在知識與情感上都能與風險概念再次接合。我們邀請波莉．莫蘭在一個日常風險與回報的真實世界，而非一個特定的實際空間內實地進行人文走訪。結果就產出了這一系列扣人心弦、引人入勝的人類故事，幫助我們從各種嶄新的角度去反思風險的本質，並探索真正洞悉風險的意涵。本書是一趟鼓舞人心的閱讀旅程，提醒我們學會明智的與風險牽手漫步可以會是積極正面、得以實現的。

人人都是冒險家，而且隨著我們學著訓練、信任我們的判斷，我們能夠變得更加洞悉風險。

我們希望本書將會激勵大眾進行豐富的意見交換，並在充實的人生當中，為風險的意義與角色開啟全新的對話。

安聯環球投資（Allianz Global Investors）
全球執行長暨全球投資長文焯彥（Andreas Utermann）

致謝

我要感謝許多人協助本書完成，此外，還要感謝書裡故事的主人翁願意撥冗與我們坦誠分享他們的見解。在最後幾個月中，有他們相伴，著實是我個人的殊榮與莫大的喜悅，那段時間裡，他們同時也和攝影師理查·貝克（Richard Baker）一起工作、一起旅行。

誠摯感謝 Profile Books 出版社的團隊：Andrew Franklin、Paul Forty、Pete Dyer、Steve Panton、Anna-Marie Fitzgerald、OluUbadike、Ian Paten 以及我一流的編輯 Clare Grist Taylor，我還要感謝人生學校系列的 Ewen Haldane 最初引薦我這樣的概念，並讓我加入團隊，還有 Alain de Botton，感謝他為我所寫的結論。我也要謝謝安聯環球投資，特別是 Marc Savani、John Wallace、Elizabeth Corley 和文焯彥，他們不但支持這項計畫，還任我自由探索這個動人的主題——無論結果為何——教我由衷感佩。

我也想要感謝以下各位，無論在國內、國外，或是編輯上、實務上，他們都給予我多方面的協助：Dinah Bornat、Marion Cole、Nadine D'Austin、Kent Diebolt、Sandra Down、Lucy Edwards、Tim Gill、Lois Harris、John Hooper、Katherine Jackman、Colin Kennedy、Tania Kotlorz、David Laisini、Will Longe、Patrick Macartney、Kelly Magee、Flavia Manini、Francesca Marascalchi、Emma Parry、Emma Piesse、Cath Prisk、James Rundell、Sarah Rundell、Nina Schö- berl、Karina Shaw、Delia Shumway、Anne Smyth、Bernard Spiegel、Edward Thornton、James Walker、Helene Wallace、Patrick Walsh、Katy Whelan、Kevin Whelan。

Henry 一如既往，總是讓我保持清醒、讓我讀得多又吃得好，而 Sam、Milo 和 Freddie 總在我研究室窗外高高的樹上，用他們洞悉風險的誇張動作帶給我無限啟發。

波莉・莫蘭

—延伸閱讀—

接著，這裡放的不是討論風險的閱讀清單，其實那一寫可是要寫上不少頁，反之，這裡放的是精挑細選、為本書帶來啟發並且充實本書內容的資料來源，有人也許熱衷於閱讀更多某些在書中所提出的觀念，那麼，他們就會對此很感興趣。

Nicomachean Ethics, Aristotle, translated by J. A. K. Thomson (Penguin, 2004)
'Europe's ticking time bomb', Katherine Barnes (Nature 473, 2011)
Risk Society: Towards a New Modernity, Ulrich Beck (Sage, 1992)
The Norm Chronicles, Michael Blastland and David Spiegelhalter (Profile Books, 2013)
The Consolations of Philosophy, Alain de Botton (Penguin, 2000)
Risk: A Very Short Introduction, Baruch Fischhoff and John Kadvany (Oxford University Press, 2011)
Extremely Loud and Incredibly Close, Jonathan Safran Foer (Penguin, 2006) Virtues and Vices and Other Essays in Moral Philosophy, Philippa Foot (Clarendon Press, 2002)

Runaway World, Anthony Giddens (Profile Books, 2002)
BBC Reith Lectures, Lecture 2, Hong Kong, 1999, Anthony Giddens
No Fear: Growing Up in a Risk Averse Society, Tim Gill (CalousteGulbenkian Foundation, 2007)
'The median isn't the message', Stephen Jay Gould (Discover, June 1985)
The Swerve: How the Renaissance Began, Stephen Greenblatt (Vintage, 2012) The Ethics of Risk: Ethical Analysis in an Uncertain World, Sven Ove Hansson (Palgrave Macmillan, 2013)
The Odyssey, Homer, translated by E. V. Rieu (Penguin, 2003)
Evolutionary Playwork, Bob Hughes (Routledge, 2011)
Is Life Worth Living?, William James, 1895 (can be read online at https://archive.org/details/ islifeworthlivin00jameuoft)
Thinking, Fast and Slow, Daniel Kahneman (Penguin, 2011)
The Nature of Things, Lucretius, translated by Alicia Stallings (Penguin, 2007)
After Virtue, Alasdair MacIntyre (Bloomsbury, 2007)
The Gay Science, Friedrich Nietzsche, translated by Walter Kaufmann (Random House, 1991)
The Fragility of Goodness: Luck and Ethics in Greek Tragedy and Philosophy, Martha C. Nussbaum (Cambridge University Press, 2001)

Normal Accidents: Living with High Risk Technologies, Charles Perrow (Basic Books, 1984)
The Letters of the Younger Pliny, translated by Betty Radice (Penguin, 2003)
Ethical Theory: An Anthology, ed. Russ Shafer-Landau (Wiley-Blackwell, 2012)
On Providence, Seneca, translated by Aubrey Stewart, 1900, pdf http://en.wikisource.org/wiki/ Of_Providence
The Black Swan: The Impact of the Highly Improbable, Nassim Nicholas Taleb (Penguin, 2008)
The Philosophical Dictionary, Voltaire, translated by H. I. Woolf (Knopf, New York, 1924)
Candide, or Optimism, Voltaire, translated by Theo Cuffe (Penguin, 2006)
'A domain-specific risk-attitude scale: measuring risk perceptions and risk behaviours', E. U. Weber, A-R. Blais and N. Betz (J. Behav. Dec. Making 15, 2002)
'A Domain-specific Risk-taking (DOSPERT) scale for adult populations', A-R. Blais and E. U. Weber (Judgement and Decision Making 1, 2006)

'The self-designing high-reliability organization: aircraft carrier flight operations at sea', G. I. Rochlin, T. R. La Porte and K. H. Roberts (Naval College Review, 1987)

'Collective mind in organisations: heedful interrelating on flight decks', K. E. Weick and K. H. Roberts (Administrative Science Quarterly, 1993)

http://understandinguncertainty.org/ is produced by the Winton Programme for the Public Understanding of Risk, based at the Statistical Laboratory, University of Cambridge.

The Aid Worker Security Database is a project of Humanitarian Outcomes and can be found at https:// aidworkersecurity.org/

The German Red Cross can be found at http://www. drk.de/and the International Red Cross at http://www. icrc.org/eng/

幸福感閱讀

Be-Brilliant